Kohlhammer

Die Autoren

PD Dr. Robert Feustel, Politikwissenschaftler und Soziologe, arbeitet an den Universitäten Jena und Leipzig. Er beschäftigt sich mit politischer Theorie, Kultursoziologie und Wissenschaftsgeschichte und publizierte zur Kulturgeschichte von Rausch, Drogen und Prohibition, zur Dekonstruktion, zu rechter Demagogie und zu den religiösen Konturen der Digitalisierung.

Dr. Gregor Ritschel ist wissenschaftlicher Mitarbeiter am Zentrum für Lehrer:innenbildung und Schulforschung (ZLS) der Universität Leipzig mit dem Schwerpunkt der politischen Bildung und Medienbildung. In seiner Lehre und in seinen Publikationen widmet er sich aktuell den Themen Verschwörungstheorien, soziale Ungleichheit und Nachhaltigkeit. Zudem ist er Redakteur der Zeitschrift »Berliner Debatte Initial«, in deren Rahmen er verschiedene Themenschwerpunkte herausgegeben hat.

Robert Feustel/Gregor Ritschel

Populistische Spiele

Bullshit als politische Strategie

Verlag W. Kohlhammer

Dieses Werk einschließlich aller seiner Teile ist urheberrechtlich geschützt. Jede Verwendung außerhalb der engen Grenzen des Urheberrechts ist ohne Zustimmung des Verlags unzulässig und strafbar. Das gilt insbesondere für Vervielfältigungen, Übersetzungen, Mikroverfilmungen und für die Einspeicherung und Verarbeitung in elektronischen Systemen.

Die Wiedergabe von Warenbezeichnungen, Handelsnamen und sonstigen Kennzeichen in diesem Buch berechtigt nicht zu der Annahme, dass diese von jedermann frei benutzt werden dürfen. Vielmehr kann es sich auch dann um eingetragene Warenzeichen oder sonstige geschützte Kennzeichen handeln, wenn sie nicht eigens als solche gekennzeichnet sind.

Es konnten nicht alle Rechtsinhaber von Abbildungen ermittelt werden. Sollte dem Verlag gegenüber der Nachweis der Rechtsinhaberschaft geführt werden, wird das branchenübliche Honorar nachträglich gezahlt.

Dieses Werk enthält Hinweise/Links zu externen Websites Dritter, auf deren Inhalt der Verlag keinen Einfluss hat und die der Haftung der jeweiligen Seitenanbieter oder -betreiber unterliegen. Zum Zeitpunkt der Verlinkung wurden die externen Websites auf mögliche Rechtsverstöße überprüft und dabei keine Rechtsverletzung festgestellt. Ohne konkrete Hinweise auf eine solche Rechtsverletzung ist eine permanente inhaltliche Kontrolle der verlinkten Seiten nicht zumutbar. Sollten jedoch Rechtsverletzungen bekannt werden, werden die betroffenen externen Links soweit möglich unverzüglich entfernt.

1. Auflage 2025

Alle Rechte vorbehalten
© W. Kohlhammer GmbH, Stuttgart
Gesamtherstellung: W. Kohlhammer GmbH, Heßbrühlstr. 69, 70565 Stuttgart
produktsicherheit@kohlhammer.de

Print:
ISBN 978-3-17-046056-0

E-Book-Formate:
pdf: ISBN 978-3-17-046057-7
epub: ISBN 978-3-17-046058-4

Inhalt

Vorwort		7
Einleitung: Unsinn und der Wille zum Spiel		9
1	**Weder Ernst noch Spaß: (Rollen-)Spiele und das Königreich Deutschland**	**25**
1.1	Kurze Theorie des Spiels	27
1.2	Das Rollenspiel Reichsbürger:innen	31
1.3	Ernsthafter Spaß, spaßiger Ernst und Spielgemeinschaften	38
2	**Weder Fiktion noch Wirklichkeit: QAnon, Hyperrealität und andere Realitäten**	**48**
2.1	QAnon als Alternate Reality Game	50
2.2	Let's play Wirklichkeit: Hyperrealität	61
3	**Weder Glauben noch Wissen: Aberglaube und das bessere Wissen**	**78**
3.1	Doppelter Zweifel	79
3.2	Aberglaube	83
3.3	Das Spiel mit Überzeugungen	93
4	**Let's play bullshit: Konturen des Unsinns**	**98**
Ausblick oder: Join the game?		109
Literatur		119

Vorwort

Mit Donald Trumps Wiederwahl zum US-Präsidenten im November 2024 könnte dieses Buch länger aktuell sein, als uns lieb ist. Über 70 Millionen Menschen haben ihn gewählt, was – zusammen mit anderen politischen Entwicklungen in Deutschland und Europa – Anlass genug für einen veritablen Kulturpessimismus wäre. Der republikanische Wahlkampf mobilisierte mit Affekten und Emotionen und wurde von populistischem Bullshit getragen. Mit der krachenden Niederlage von Kamala Harris hat sich zugleich die leise Hoffnung zerschlagen, irgendeine Grenze könnte erreicht sein und ein wenig Sachlichkeit würde wieder Einzug halten. Stattdessen zirkuliert beständig neuer, unmaskierter Unsinn, überall und von höchster Stelle – aus dem Weißen Haus.

Diese kleine Schrift, größtenteils geschrieben von Anfang 2023 bis Sommer 2024, arbeitet zwangsläufig mit Beispielen, die teilweise schon jetzt überholt wirken. Der Verschwörungskomplex namens QAnon etwa, der uns zur Herleitung und Bebilderung der Wirklichkeit des Hyperrealen dient, ist mittlerweile nicht mehr in den Schlagzeilen. Das Alternate Reality Game (ARG) ist durchgespielt. Daraus folgt allerdings nicht, dass digital vermittelte und spielerisch ins Werk gesetzte »alternative Wirklichkeiten« – und mit ihnen die Krise des Realitätsprinzips – an Relevanz verlieren. Vielmehr haben sich ARGs ausgebreitet und verselbstständigt. Längst haben zudem neue mediale Eruptionen, wüste Behauptungen und rhetorische wie praktische Eskalationen die Aufmerksamkeit in Beschlag genommen. Unsere Quellen können also nie aktuell sein, sie ließen sich aber verlustfrei mit taufrischen Varianten des Unsinns ersetzen. Aus der anderen Richtung beschaut: Der Versuch, den bedenklichen Zustand der politischen Gegenwart theoretisch neu zu begreifen, lässt sich gut mit älterem Material anstellen, weil er von jenem überdauernden Modus handelt, in dem nichts mehr überdauert und vor allem Gefühle zählen. Das populistische Spiel ist in Gang gekommen und wird wohl nicht so schnell abgepfiffen.

Robert Feustel, Gregor Ritschel
Dezember 2024

Einleitung: Unsinn und der Wille zum Spiel

Laserstrahlen aus dem Weltraum, finanziert von einer »jüdischen Bankiersfamilie«, haben die verheerenden Waldbrände in Kalifornien 2018 verursacht, behauptete die US-Kongressabgeordnete Marjorie Taylor Greene.[1] Für den rechtsradikalen Radiohost Alex Jones begann der Dritte Weltkrieg, als ein Containerschiff eine Brücke in Baltimore zum Einsturz brachte.[2] Donald Trump empfahl öffentlich, Bleiche gegen das Coronavirus zu trinken,[3] spricht immer wieder davon, die Demokrat:innen würden Abtreibungen bis zum und sogar noch nach dem neunten Schwangerschaftsmonat befürworten[4] und bediente die Legende, haitianische Migrant:innen würden Katzen und Hunde essen.[5] Bayerns Ministerpräsident Markus Söder (CSU) warnte vor einer zwanghaften »Veganisierung Deutschlands und Bayerns«.[6] Thierry Baudet, Chef der niederländischen Partei FvD, gab öffentlich zu Protokoll: »Ich bin Verschwörungstheoretiker. Ich glaube, dass wir von einer globalen Verschwörung bösartiger Reptilien regiert werden. Meiner Meinung nach ist der einzige globale Akteur, der dem entgegentritt, Wladimir Putin. Ich bin ein Fan

---

1 Dirk Hautkapp, Marjorie Taylor Greene: Weltall-Laser und Nazi-Ukraine – Trumps Frau für Radau, Morgenpost, 2024, https://www.morgenpost.de/incoming/article242141058/Marjorie-Taylor-Greene-Trumps-Radau-Frau-vom-Dienst.html [20.4.2024].
2 Siehe https://www.twitter.com/RealAlexJones/status/1772612314090320074 [6.4.2024].
3 Bernd Pickert, US-Präsident Trump in der Coronakrise: Bitte kein Bleichmittel trinken!, taz, 2020, https://taz.de/!5680835/ [27.3.2024].
4 Sofia Dreisbach, Donald Trump äußert sich zu Abtreibungen: Vermeidung klarer Aussagen vor US-Wahl 2024, FAZ, 2024, https://www.faz.net/aktuell/politik/us-wahl/donald-trump-aeussert-sich-zu-abtreibungen-vermeidung-klarer-aussagen-vor-us-wahl-2024-19640282.html [12.4.2024].
5 Merlyn Thomas/Mike Wendling, Donald Trump repeats baseless claim about Haitian immigrants eating cats and dogs in Springfield, Ohio, BBC, https://www.bbc.com/news/articles/c77l28myezko [15.9.2024].
6 Michelle Brey, Söder und Aiwanger warnen vor der »zwanghaften Veganisierung« – und wettern gegen Ampel-Koalition, Merkur, 2023, https://www.merkur.de/politik/soeder-aiwanger-veganisierung-heizungsgesetz-ampel-koalition-demo-erding-kritik-scholz-zr-92336429.html [24.4.2024].

Einleitung: Unsinn und der Wille zum Spiel

von ihm, er ist der Held, den wir brauchen«.[7] Alles ziemlich verstörend, alles ziemlich unsinnig – und gefährlich.

Weniger radikal, aber genauso unsinnig sind folgende Beispiele. Im Lauf des Jahres 2023 sollte in der Grafschaft Cumbria in Nordengland eine neue Kohlemine entstehen, 400 000 Tonnen CO_2-Emission jährlich inklusive. Das Planungskomitee behauptete zur Rechtfertigung, die Mine habe »an overall neutral effect on climate change«.[8] Als sich 2022 abzeichnete, dass die Bundesregierung Cannabis tatsächlich legalisieren werde, liefen Konservative Sturm. Söder spielte die üblichen Töne auf der Klaviatur der überkommenen Drogenideologie und warnte davor, dass als nächstes womöglich »Crystal Mett« dran sei. Das kristallklare Schweinehack, von dem er unfreiwillig sprach, provozierte einigen Spott. Bedeutsamer ist allerdings, dass nirgendwo davon die Rede war, bald auch Methamphetamin zu legalisieren.[9] Wie das womöglich mit der anstehenden Veganisierung zusammenhängen könnte, bleibt derweil offen. Rainer Wendt, rechter Lautsprecher der Deutschen Polizeigewerkschaft, beklagte zum Thema Cannabis: »Wenn demnächst auch noch Bekiffte am Straßenverkehr teilnehmen, bekommen wir ein Problem«.[10] Niemand hatte indes gefordert, dass Autofahren endlich auch bekifft erlaubt sein oder Fleisch verboten werden solle. Bullshit (bzw. Unsinn, wir verwenden beide Begriffe synonym) hat anscheinend Konjunktur;[11] ein Begriff, dem Harry

---

7 Tobias Müller, Partei Forum voor Democratie ist so radikal, dass sie Geert Wilders übertrifft, Der Freitag, 2022, https://www.freitag.de/autoren/tobias-mueller/eine-nie derlaendische-partei-ist-so-radikal-dass-sie-geert-wilders-uebertrifft [11.12.2022].
8 Fiona Harvey, UK's first new coalmine for 30 years gets go-ahead in Cumbria, The Guardian, 2022, https://www.theguardian.com/environment/2022/dec/07/uk-first-new-coalmine-for-30-years-gets-go-ahead-in-cumbria [11.12.2022]. Ein Gericht stoppte das Vorhaben, und 2024 lehnte die entsprechende Behörde den Lizenzantrag ab, siehe Rebecca Speare-Cole, Coal Authority rejects Cumbria development's request for mining licences, The Independent, 2024, https://www.independent.co.uk/business/coal-authority-rejects-cumbria-development-s-request-for-mining-licences-b2620250.html [27.9.2024].
9 Spiegel Online, Markus Söder auf CDU-Parteitag: Spott wegen »Crystal Mett«, Der Spiegel, 2022, https://www.spiegel.de/politik/markus-soeder-auf-cdu-parteitag-spott-wegen-crystal-mett-empoerung-ueber-hofreiter-kommentar-a-c058220e-97f7-45b0-822b-4055dd56b22f [5.4.2024].
10 taz, Nachrichten zu den Sondierungen: Vorentscheidung am Freitag, taz, 2021, https://taz.de/!5807762/ [5.4.2024].
11 Bullshit: »coarse slang. Rubbish, nonsense«, siehe Oxford English Dictionary, bullshit, n. meanings, etymology and more, https://www.oed.com/dictionary/bullshit_n [20.10.2024]. Die Etymologie ist uneindeutig. Es kann sich auf den Stier beziehen oder darauf, »bull«, zu sprechen, was so viel meint wie täuschen oder heiße Luft reden, siehe Oxford

G. Frankfurt bereits in den 1980er Jahren einen viel beachteten Essay widmete und der aktuell zu neuer analytischer Prominenz reift.[12]

Kurz bevor im Sommer 2019 ein wütender Mob versuchte, den Reichstag zu stürmen, stand eine Heilpraktikerin mit auffälliger Frisur und QAnon-Logo auf dem T-Shirt auf einer Bühne von Querdenken und brüllte sichtlich affiziert, dass der damalige US-Präsident Trump in Berlin sei und man fast gewonnen habe. Ein Friedensvertrag sei in Sichtweite und das Regime der BRD-GmbH werde noch am selben Tag aus der Hauptstadt vertrieben. Die Meute johlte und zog daraufhin Richtung Reichstag los.[13] Konnte das ihr Ernst sein? Ist es möglich, dass die Rednerin sich selbst glaubte, was sie erzählte? Der Verdacht liegt jedenfalls nahe, dass es so einfach nicht ist. Derart wirr und verblendet kann niemand sein, niemand jedenfalls, der oder die lebensfähig, also alltagstauglich sein will. Die Behauptungen lassen sich unmittelbar überprüfen, sie werden in Echtzeit als Unsinn überführt. Das passt nicht ins Raster bekannter demagogischer Reden, die mit Gemeinplätzen und Worthülsen Assoziationen und Affekte bespielen, also spontane Erregungen und Gemütszustände im Blick haben.

Wie kommt es, dass manche, die kürzlich noch mit maximalem Eifer bei Querdenken aktiv waren, sprunghaft das Thema wechselten, als Virus und Pandemie aus dem Fokus der Öffentlichkeit verschwanden? Aus Corona-Protesten wurden beinahe über Nacht Apologeten Russlands und Putins. Wie ernst – um auf diesen Begriff zurückzukommen – kann es gemeint sein, mit der Mode von einer Fundamentalopposition zur nächsten zu springen? Nach viel Überzeugung oder ernsthafter, politischer Einstellung sieht es nicht aus.

Um den Beispielreigen für den Moment abzuschließen und zugleich nochmals das Register zu wechseln: Wie lässt sich die Aussage des damaligen Verkehrsministers Volker Wissing (FDP), für ein testweises Tempolimit auf Autobahnen gebe es nicht genug Schilder, ernsthaft diskutieren?[14] Die Mischung aus sachlicher Lächerlichkeit und überzeugter, nüchterner Geste stiftet Verwirrung. All diese Beispiele können nicht ganz ernst gemeint sein, sie sind aber auch keine Satire. Die politische Analyse der Gegenwart kommt

---

English Dictionary, bull, n.[4] meanings, etymology and more, https://www.oed.com/dictionary/bull_n4 [20.10.2024].

12 Harry G. Frankfurt, Bullshit, Berlin 2014.
13 Bild, Corona-Demo in Berlin: Nach dieser Rede stürmten die Chaoten Richtung Reichstag, 2020, https://www.youtube.com/watch?v=-GivW0ecIj0 [15.12.2022].
14 Maik Koltermann, Wissing im MOPO-Interview: Tempolimit wegen Schildermangel nicht umsetzbar, MOPO, 2022, https://www.mopo.de/hamburg/ein-flaechendeckendes-tempo-30-fuer-hamburg-lehne-ich-ab/ [11.12.2022].

mit unsinnigen, aber ohne Ironie vorgetragenen Aussagen dieser Art nur schwer zurecht. Sachlichkeit steht insgesamt nicht sonderlich hoch im Kurs, daher wäre es wichtig, den mittlerweile gewohnten Unsinn und seine politische Wirkung genauer zu verstehen. Das bedeutet nicht, die Probleme, mit denen wir umgehen müssen, seien nicht ernst. Es scheint vielmehr, als würden relevante Teile der politischen Auseinandersetzung immer lächerlicher, je bedeutsamer die Herausforderungen sind. Wir haben es also mit einem Trend zu tun, der nicht zwangsläufig an politische Lager gebunden ist.

Allerdings stammen alle Belege, von denen bisher die Rede war, nicht zufällig aus konservativen bis extrem rechten Kreisen. Prominenz und Relevanz verdankt der grassierende Bullshit in erster Linie Trump, der die Arbeit damit perfektioniert hat. Seither kursiert der Begriff Trumpismus, der eine extrem rechte, protofaschistische Zielsetzung damit verbindet, unverblümt und permanent irgendetwas zu behaupten. Reaktionäre Inhalte treffen auf einen postfaktischen Politikstil. Das funktioniert verblüffend gut, weshalb große Teile des rechten politischen Spektrums über die USA hinaus den Modus übernommen haben. Im Fokus der folgenden Überlegungen stehen daher Praktiken und Strategien rechter Ausprägung, weil der Bullshit dort gewissermaßen zu Hause ist und seine zerstörerischen Kräfte entfaltet. Zugleich konturiert sich politisch rechts etwas vergleichsweise deutlich, das tendenziell das Politische überhaupt erfasst hat.

Einen ersten Hinweis auf die Funktionsweise des Unsinns liefert die viel diskutierte Formulierung »alternative Fakten«. Sie tauchte erstmals auf, als die Besuchermenge bei Trumps erster Amtseinführung 2016 zur Debatte stand. Nach Angaben der Trump-Administration war es die größte Feier aller Zeiten. Als die damalige Pressesprecherin Kellyanne Conway mit einem Foto konfrontiert wurde, das anderes zeigte, wich sie einer sachlichen Klärung oder gar einer Korrektur der Aussage mit dem Verweis darauf aus, dass ihr und ihrem Chef »alternative Fakten« vorliegen würden.[15] Noch im Wahlkampf 2024 setzte sich das bizarre Schauspiel fort, als Trump, der mit Superlativen nicht geizt, erklärte: »Nobody has spoken to crowds bigger than me«.[16] Wer schlicht alternative Fakten in den Raum stellt, umschifft jede ernsthafte,

---

15 Regina Kusch/Andreas Beckmann, Eine Kulturgeschichte »alternativer Fakten« – Wahrheit oder Lüge?, Deutschlandfunk, 2018, https://www.deutschlandfunk.de/eine-kulturgeschichte-alternativer-fakten-wahrheit-oder-100.html [24.8.2024].
16 Jonathan Allen/Matt Dixon, Trump compares his Jan. 6 crowd to the audience for MLK's »I Have a Dream« speech, NBC News, 2024, https://www.nbcnews.com/politics/2024-election/trump-compares-jan-6-crowd-audience-mlk-dream-speech-rcna165894 [24.8.2024].

sachliche Auseinandersetzung. Mit dieser Formulierung beanspruchen schließlich gegenteilige, sich ausschließende Behauptungen – es war die größte vs. es war nicht die größte Feier – gleichzeitig ihre Geltung. Das funktioniert nur, wenn sich beide auf unterschiedliche Wirklichkeiten beziehen, womit sich jedes vernünftige Gespräch und jeder Versuch einer Beweisführung erledigt hat. Diese zwei Wörter (alternative Fakten) sind also keine rhetorische Bagatelle. Mit dieser Haltung lässt sich alles behaupten, auch Bullshit wie die drohende Zwangsveganisierung Deutschlands.

Der Umstand, dass es alternative Fakten und Unsinn verschiedener Art auf die große Bühne geschafft haben, provoziert vergleichsweise grundsätzliche Fragen. Ulrich Beck formulierte vor einiger Zeit anlässlich einer Laudatio auf Zygmunt Bauman seine Zweifel, ob die sozialwissenschaftlichen Theoriebestände der Gegenwart gewachsen seien:

> Schön wär's, wenn die von Max Weber finster versprochene, bürokratische Kontrollrationalität noch kontrollieren würde; schön wär's, wenn, wie Adorno und Foucault vorhersagten, uns nur der Terror des Konsums und des Humanismus terrorisieren würden; schön wär's, wenn die Störungsfreiheit der Systeme durch Appelle an die »Autopoiesis« wiederherstellbar wäre. Es ist keine Schande zu bekennen, dass auch uns Sozialwissenschaftlern die Sprache versagt, angesichts der Wirklichkeit, die uns überrollt. Die Sprache der soziologischen Theorien und der empirischen Forschung erlaubt es uns, uns dem Immergleichen des sozialen Wandels oder der [...] Krise zuzuwenden, aber sie erlaubt uns nicht, die gesellschaftshistorische Verwandlung der Welt am Beginn des 21. Jahrhunderts auch nur zu beschreiben, geschweige denn sie zu verstehen.[17]

Ein Teil des Problems könnte darin begründet sein, dass sich die soziologische oder politische Theorie schwertut, Aussagen und Praktiken zu deuten, deren Absurdität offen zutage liegt. Trivialer Widersinn lässt sich schlecht einordnen. Vielleicht ist es Zeit für einen Versuch, den Unsinn theoretisch zu fassen und über die bekannten Deutungen der Demagogie, über die handelsüblichen Populismustheorien und jene zum Postfaktischen etc. hinauszugehen oder – um weniger großspurig zu klingen – einen anderen Weg zu versuchen.[18] »Die Theoretisierung der Transformation erfordert eine Transformation der Theorie«, schreibt Beck weiter.[19]

---

17 Ulrich Beck, Soziologe Zygmunt Bauman: Sinn und Wahnsinn der Moderne, taz, 2014, https://taz.de/!5031155/ [11.12.2022].
18 Für unsere Zwecke ist die Differenz zwischen Unsinn und Sinnlosigkeit unerheblich. Während das eine einen falschen Sinn, also eine Art falsche Richtung meint, verweist das andere darauf, dass jeder Sinn fehlt. Philosophisch mag das hier und dort von Belang sein, für den Versuch, Licht ins unsinnige Dunkel zu bringen, jedoch nicht.
19 Beck, Soziologe Zygmunt Bauman: Sinn und Wahnsinn der Moderne.

Einleitung: Unsinn und der Wille zum Spiel

Wenn es stimmt, dass die Sozialwissenschaften Schwierigkeiten haben, das Unsinnige zu fassen, weil sie beständig nach Sinn, Vernunft und Zweck fahnden, dann braucht es möglicherweise andere begriffliche Werkzeuge. Es könnte erhellend sein, die politische Gegenwart und vor allem rechte Strategien jenseits überlieferter Begriffspaare wie Wahrheit und Lüge, Fake und Wirklichkeit oder Glauben und Wissen zu deuten, ohne diese Kategorien einfach aufzugeben. Vielleicht erhellt sich der vielgestaltige Unsinn, der täglich die Medien durchwandert und beispielsweise effektive Maßnahmen gegen die Klimakatastrophe erschwert, wenn wir seine Auswüchse als Elemente eines Spiels begreifen. Das Andere des Ernsthaften ist schließlich nicht nur Spaß oder Satire, sondern auch das Verspielte oder Spielerische. Vielleicht ruiniert die verspielte Gesellschaft sachliche Politik und verspielt die Chance auf relevante Besserung.

Das Spiel als analytisches Werkzeug hat einige Vorzüge. Seine begriffliche Unschärfe unterläuft traditionelle Gegenüberstellungen, etwa jene von Ernst und Spaß. Wer nur spielt, meint es nicht ernst. Zugleich kann alles auf dem Spiel stehen. Das Spiel oder der Modus des Spiels kann heftig affizieren, also Reize setzen und Gefühle hervorrufen. Und das Emotionale hat Konjunktur: Leute »lechzen danach, affiziert zu werden und affizieren zu können, um selbst als attraktiv und authentisch gelten zu können«.[20] Im Spiel treffen zwei eigentlich schwer vereinbare Dinge aufeinander und lassen eine bizarre wie verstörende Gleichzeitigkeit erkennen: Jene zwischen offenkundigem Unsinn oder wirklichkeitsfremder Fiktion (»Trump ist in Berlin, wir haben fast gewonnen!«) und leidenschaftlicher, eben emotionaler und emotionalisierender Überzeugung.

Johan Huizinga,[21] so etwas wie der Vater unterschiedlicher Theorien des Spiels (nicht zu verwechseln mit der Spieltheorie in Anschluss an John von Neumann, die etwas ganz anderes ist), hat die Formulierung »heiliger Ernst« geprägt, die die Praxis des Spiels und seiner Zuschauer:innen umhülle. Obwohl das Spiel – schon begrifflich – das Andere des Wirklichen und profan Ernsthaften ist, steht es in Sachen Leidenschaft und Emotion der sogenannten Wirklichkeit in nichts nach. Niemand feiert oder heult so herzzerreißend wie Fußballfans.

Die Stärke des Spielbegriffs ist es, gleich drei Zwischenräume zu bewirtschaften: erstens jenen zwischen *Ernst und Spaß.* Aussagen und Praktiken wie die der Heilpraktikerin werden weder rein ernsthaft noch als purer Fake oder

---

20 Andreas Reckwitz, Die Gesellschaft der Singularitäten. Zum Strukturwandel der Moderne, Berlin 2017, S. 17.
21 Johan Huizinga, Homo ludens. Vom Ursprung der Kultur im Spiel, Hamburg 2004.

Jux lesbar. Zweitens jenen zwischen Fiktion und Wirklichkeit. Ihre Behauptungen sind offenkundig Wunschvorstellungen oder Phantasmen, sie haben jedoch zugleich Effekte im Wirklichen und die Kraft, starke Affekte zu mobilisieren. Die Fiktionalisierung der Wirklichkeit, von der so oft die Rede ist, wird aus der Perspektive des Spiels besser greifbar, genauso wie die Wirklichkeit der Fiktionen (oder des Spiels). Drittens schließlich öffnet sich ein Raum zwischen *Glauben und Wissen.* Unsere Rednerin, um bei diesem Beispiel zu bleiben, glaubt zu wissen, dass Trump in Berlin ist, muss aber, um im Alltag über die Runden zu kommen – parallel gewissermaßen – auf ein halbwegs seriöses Konzept von Wissen zurückgreifen können. Wer handlungsfähig sein will, kann nicht dauerhaft im Irrealen des Phantasmas oder der Illusion unterwegs sein. Möglicherweise oszilliert sie dazwischen; weder glaubt sie sich selbst ihre Erzählung restlos noch inszeniert sie eine bewusste Lüge. Im Moment der Inszenierung, im Moment des Spiels, also auf der Bühne, ist sie affiziert wie überzeugt und weiß dennoch, dass es falsch ist.

Bullshit und Spiel schwingen synchron, ohne dasselbe zu sein. Beide können nicht ernst gemeint sein, sind aber häufig nicht einfach spaßig. Sie sind nicht real, aber schaffen Wirklichkeiten. Und die Leute glauben den Unsinn, obwohl sie wissen, dass es nicht stimmt, und spielen mit mehr Leidenschaft und Hingabe als sie im wirklichen Leben aufzubringen vermögen, obwohl es nur ein Spiel ist. Beide sind ihrem Prinzip nach das Andere des Sachlichen und triggern Affekte und Emotionen. Es könnte also hilfreich sein, das eine mit dem anderen zu deuten.

Vom Spiel, von spielerischen Momenten oder Gamification ist dieser Tage viel die Rede. Huizingas »Homo Ludens« erlebt im 21. Jahrhundert eine auffällige Renaissance. In Unternehmenswelt und Unterhaltungsindustrie wird seit Langem über Gamification diskutiert, die sich über Apps und Gadgets ins Alltägliche schleicht. Interaktiver Spielspaß durch virtuelle Punktesysteme soll positive Anreize setzen, die Motivation erhöhen und letztlich Produktionsprozesse optimieren oder Nutzer:innen dauerhaft an kommerzielle Unterhaltungsmedien binden. Seit einigermaßen klar ist, dass Affekte und Emotionen für die Bereitschaft zu lernen, zu arbeiten oder zu konsumieren eine erhebliche Rolle spielen, tauchen Spielformen als Lösung für fast alles auf.

Am Spiel oder an der Vorstellung einer verspielten Gesellschaft ist prinzipiell nicht viel neu. Nicht erst der teils bizarre Unsinn der letzten Jahre lässt die Vermutung zu, das Spiel könnte kulturell von einiger Relevanz sein; relevanter als die so viel diskutierte Opposition von Wahrheit und Lüge. Die jahrhundertealte Geschichte von Literatur, Theater und Karneval verweist stattdessen auf eine lange Tradition verspielter Wirklichkeitsbezüge. Die Welt als Bühne ist älteren Datums. Auch in der Philosophiegeschichte häufen sich die Verweise auf das Spiel, das für den Erkenntnisprozess insgesamt wichtig ist.

Das erste Kapitel eröffnet mit einer knappen Theorie des Spiels als soziale Praxis, das im Kern einen doppelten Bezug oder eben ein doppeltes Spiel erlaubt (▶ Kap. 1). Dinge können zugleich todernst und unwirklich, weil nur spielerisch sein. Die Praxis des Spiels unterläuft die Gegenüberstellung von Spaß und Ernst, was einen ersten Hinweis darauf gibt, wie der Unsinn funktioniert. Sichtbar wird dieser Zusammenhang an Reichsbürger:innen mit ihrer Konsequenz und Liebe zum Detail, die anschließend im Fokus stehen. Was diese gefährlichen »echten« Deutschen praktisch veranstalten, gleicht einem Live Action Role Play (LARP). Während viele LARPs, die sich einiger Beliebtheit erfreuen, einfach Freizeitspaß sind (Menschen verkleiden sich aufwendig und spielen Charaktere unterschiedlicher Phantasiewelten nach), kippt dort das Spiel in eine Form, die es ablehnt, Spiel zu sein, praktisch aber Spiel ist. »This is not a game. Learn to play the game.«[22] Der weit verbreitete Unsinn der Gegenwart lässt sich in einem ersten Schritt als spielförmig interpretieren. Er ist weder profan ernst noch spaßig und nutzt die affektiven Potenziale, die das Spiel bereithält.

Auch wenn das Spiel als kulturelle Praxis nicht neu ist, hat sich dennoch einiges geändert. Prozesse, die häufig unter dem Schlagwort Digitalisierung versammelt werden, haben – neben vielen Worthülsen und mit viel Pomp – zwei fulminante Neuerungen mitgebracht, die dem Spiel zu neuer Blüte verhelfen und es auf ungeahnte Weise ins Zentrum der politischen Praxis hieven. Einerseits sind Medien rückkanalfähig, sie sind nicht mehr vektorisiert, Sendende und Empfangende können den Platz beliebig tauschen. Das übliche Mediengeschehen lässt sich als interaktives Mitmachtheater verstehen, das neue Räume für Spiele oder zumindest verspielte Praktiken öffnet. Andererseits liefern digitale Geräte neue Möglichkeiten, Wirklichkeit zu fiktionalisieren und jene Fiktionen aus den Grenzen des Romans, Theaters oder Karnevals herauszuheben. Fiktion und Wirklichkeit, die immer schon verwoben waren, fallen aus konkreten und beschreibbaren technischen Bedingungen heraus in einen Taumel und sind schwer unterscheidbar. Kaum etwas repräsentiert diesen Prozess besser als die gegenwärtige und vermutlich noch zunehmende Welle von Deep Fakes.

---

22 John Grant, Between Q's Headspace and the Hard Place of US History, This Can't Be Happening!, 2021, https://thiscantbehappening.net/between-the-q-headspace-and-the-hard-place-of-us-history/ [9.4.2024].

Die Gegenwart und ihre politische Verarbeitung werden zum Alternate Reality Game (ARG) oder genauer: zu einer schwer überschaubaren Menge an ARGs. Im zweiten Kapitel stehen die verspielten Räume zwischen Fiktion und Wirklichkeit im Fokus, für die Jean Baudrillard schon vor einigen Jahrzehnten den Begriff Hyperrealität geprägt hat (▶ Kap. 2). Der Verschwörungskomplex QAnon, der im Kern ein ARG ist oder zumindest als ARG startete, wird dafür Modell stehen. Mit dem Begriff Hyperrealität ist die permanente und tief in die Informationsökonomie eingelassene »Produktion des Wirklichen« gemeint,[23] so unwirklich ihre Ergebnisse auch scheinen mögen. Der Unterschied zwischen Fiktion und Wirklichkeit wird – analytisch beschaut – obsolet; oder, wie es Reinhart Koselleck formuliert hat, die komplizierte Verhältnisbestimmung zwischen Dichtkunst und Geschichtsschreibung ist an ihr Ende gekommen.[24] Der verspielte Unsinn wuchert dort, wo sich das Fiktionale nicht mehr an seinem Wirklichkeitsgehalt messen lassen muss. Wenn etwa, wie ein gewisser Q breitenwirksam streute, wirre Phantasien von unterirdischen Bunkern nicht unwesentlich dazu beitragen, dass ein Mob das Weiße Haus erstürmt, ist »Realität« kaum mehr Bezugspunkt. Der Verschwörungskomplex QAnon entstand als ARG, als Spiel, und die »Beweisketten«, die seine Fans auffahren, sind bestenfalls vergleichbar mit Schnitzeljagden oder Breakout-Rooms.

Der Zusammenbruch des Realitätsprinzips[25] wurde von der Popkultur vorweggenommen. Seit einiger Zeit schon tauchen »Rätsel und Komplotte« überall auf.[26] Die erfolgreiche Romantrilogie »Illuminatus« (1969–1971) von Robert Shea und Robert Anton Wilson mit ihrem Motto »Die Geschichte der Welt ist die Geschichte der Kriege zwischen Geheimbünden« (einer offenkundig satirischen Abwandlung der berühmten Marx'schen Formulierung) klingt wie eine Vorwegnahme von Q. Sie entstand aus den phantasievollen, aber meist seriös klingenden Zuschriften, die die Autoren als Redakteure beim »Playboy« erhielten. Manche Leser:innen des Romans verloren sich in der Fiktion und alsbald in der Suche nach dort genannten geheimen Codes wie der

---

23 Joseph Vogl, Kapital und Ressentiment. Eine kurze Theorie der Gegenwart, München 2021, S. 132.
24 Reinhart Koselleck, Vergangene Zukunft. Zur Semantik geschichtlicher Zeiten, Frankfurt am Main 2017, S. 278.
25 Der Begriff ist hier nicht im engeren Sinn der Psychoanalyse gemeint, der er entstammt (wobei sich Überschneidungen oder theoretische Anschlussstellen finden lassen dürften).
26 Luc Boltanski, Rätsel und Komplotte. Kriminalliteratur, Paranoia, moderne Gesellschaft, Frankfurt am Main 2013.

23, die plötzlich überall zu sein schien.²⁷ Auch die TV-Serie »Akte X« mit dem Bild eines UFOs und dem Schriftzug »I Want to Believe« an der Wand des Büros von FBI-Agent Fox Mulder mag einen Hinweis darauf geben, wie die Popkultur die Angstlust am Mysteriösen spielerisch aufnahm. Dies sind gespielte oder verspielte Verschwörungen, die fiktional vorwegnehmen, was heute im Tagesgeschäft der Politik seinen Platz hat.

Wer sich beständig auf einem Spielfeld oder im Modus des Spiels bewegt und die Differenz zwischen Ernst und Spaß genauso unterläuft wie jene zwischen Fiktion und Wirklichkeit, dem ist auch nicht mit den überlieferten Begriffspaaren von Wissen und Glauben, von Wissen und Unwissen oder Bildung und Dummheit beizukommen. Mangelnde Bildung hilft sicherlich nur teilweise als Erklärung. Die Dinge sind komplizierter, weil wir es nicht nur mit »Trotteln« zu tun haben.²⁸ Wenn etwa die bereits erwähnte Heilpraktikerin die Ankunft ihres Heilands Trump verkündet, muss sie zugleich wissen, dass das nicht stimmt, dass die Geschichte sie unmittelbar einholen wird. Wer nur auf Intelligenz und Bildung schaut, übersieht systematisch einen Willen zum Bullshit, eine Bereitschaft, wider besseres Wissen zu agieren.

In diese Richtung argumentierte bereits vor längerer Zeit der französische Ethnologe und Psychoanalytiker Octave Mannoni.²⁹ Er beobachtete, dass sich verschiedene Ausprägungen von Illusionen auf der einen und ein sachliches Wissen, das die Illusion eigentlich auslöschen müsste, auf der anderen Seite nicht ausschließen. Im Gegenteil, wie es Robert Pfaller aufgreift: »Es handelt sich um Illusionen, die nur dann gepflegt werden, wenn es ein besseres Wissen gibt, das sie suspendiert.«³⁰ Die Janusköpfigkeit des Spiels, das keines sein will, ist eine genaue Analogie zu Mannonis Formulierung »Ich weiß schon, aber dennoch«. Es liefert die praktische Übersetzung eines theoretisch eher schwierigen Arguments. Hin und wieder spielen wir alle und kennen daher die Paradoxien, die das mitbringt. Für das ARG QAnon formuliert: Schon klar, dass das alles ein (digitales) Spiel ist und sich davon nichts in der Wirklichkeit

---

27 Die ungewöhnliche und tragische Lebensgeschichte des deutschen Hackers Karl Koch zeigt diese Verwechslung von Fiktion und Wirklichkeit. Sie wurde 1998 unter dem Titel »23 – Nichts ist so wie es scheint« verfilmt.
28 Philipp Hübl, Bullshit-Resistenz. Wie wir uns vor Lügen, Fake News und Verschwörungstheorien schützen können, München 2024, S. 32.
29 Octave Mannoni, »I Know Well, but All the Same ...«, in: Molly Anne Rothenberg/Dennis A. Foster (Hrsg.), Perversion and the Social Relation: sic IV, 2003, S. 68–92.
30 Robert Pfaller, Die Illusionen der anderen. Über das Lustprinzip in der Kultur, Frankfurt am Main 2002, S. 54.

beobachten lässt. Trotzdem hat der Glaube an Q und seine tiefen Einblicke ungeheure affizierende Kräfte.

Wissen und Glauben stehen, allgemeiner beschaut, in einem komplizierten Verhältnis. Das Wissen, das den Glauben aufhebt, ist nicht nur irgendwo da und wird verdrängt. Vielmehr ermöglicht es die Illusion erst. Nur wenn wir insgeheim wissen, dass es sich bloß um ein Spiel handelt, können wir es spielen. Als blanke Realität ohne doppelten Boden wären Qs Fragmente einer wahrlich bösen Welt zu groß und zu schwerwiegend, um alltäglich, abseits der Demos und kultischen Zusammenkünfte damit umgehen zu können. Als profane Wirklichkeit ist Q untauglich. Gleichzeitig wären die vermeintlichen Hinweise und Verbindungen zu albern; sie funktionieren nur als assoziatives Spiel, als Rätsel, das gelöst werden will. Ohne das bessere, weil die Illusion aufhebende Wissen gäbe es keinen Freiraum zum Spielen, und der Umstand, dass nichts von Q im Alltag erfahr- oder greifbar ist, würde ins Gewicht fallen. Wenn das Spiel nicht mehr einer Realität, von der man wissen muss, gegenübersteht, verschwindet es im Wirklichen. Selbst wenn das Spiel behauptet, keins zu sein. Seine affektiven Vorzüge wären dahin.[31] Im dritten Kapitel wird es um diese Gleichzeitigkeit eines vehementen Glaubens an die Verschwörung mit dem notwendigen Wissen gehen, dass das alles nicht stimmt (▶ Kap. 3).

Verschwörungsmythen sind nicht neu. Umberto Eco etwa verarbeitet ihre lange und vielgestaltige Geschichte literarisch in »Das Foucaultsche Pendel«.[32] Die Schöpfer eines solchen Mythos, die diesen aus intellektueller Spielfreude heraus erschaffen, werden von der Sogwirkung ihrer eigenen Erzählung erfasst. Und gelogen wird nicht erst seit Trump. Haltlose Behauptungen allerdings, die schon für sich genommen widersinnig sind oder deren Status leicht zu recherchieren wäre, sind zum sturkturrelevanten Muster geworden. Die geschickte Lüge ist sicher nicht verschwunden, aber sie tritt in den Hintergrund. Was als alternativer Fakt seine Wirklichkeit einfach behaupten kann, muss sich nicht tarnen.[33] Es braucht kein gut gewebtes Netz fingierter Beweise. Der Unsinn steht selbstbewusst wie nie neben Fakten und schürt Emotionen.

---

31 Dies ist selbstverständlich nur eine Deutung neben anderen. Je nach Kontext und Person kann es durchaus sein, dass schlicht fehlendes Wissen und fehlende kognitive Kompetenzen Irrwege provozieren. Oft ist der Unsinn allerdings gar zu offenkundig, sodass die klassische Erklärung an ihre Grenzen kommt.
32 Eco Umberto, Das Foucaultsche Pendel, München 1989.
33 Russell Muirhead/Nancy L. Rosenblum, A lot of people are saying: the new conspiracism and the assault on democracy, Princeton, New Jersey 2019.

Das Konzept Lüge wirkt, allgemeiner gesprochen, politisch nicht mehr zeitgemäß, weil es – unweigerlich – eine Verbindung zu *einer* Wahrheit unterhält. Eine Aussage erfüllt nur dann den Tatbestand einer Lüge, wenn die Wahrheit absichtlich verschwiegen wird. Niemand lügt aus Versehen. Wir haben es also weniger mit Lügen zu tun als mit seriellem Unsinn oder Bullshit. Es geht um Sequenzen, die sich grundsätzlich nicht mehr darum scheren, wie wahr sie sind oder wie viel Wirklichkeit sie abbilden. Das Spiel öffnet dem Bullshit bzw. dem Unsinn ungeahnte Räume. Die drei vom Spiel provozierten Zwischenräume liefern schließlich die ersten theoretischen Umrisse des Unsinns oder eines Bullshit-Games.[34]

Im Fokus steht allerdings nicht die Frage, warum Leute geneigt sind, Unsinniges für bare Münze nehmen zu wollen oder obskuren Verschwörungsmythen anzuhängen.[35] Nicht, dass dies uninteressant wäre. Es wurde viel geschrieben zu ökonomischen Verwerfungen und ihren Folgen,[36] zu schwankenden Hegemonien und den Monstern, die so eine Krise hervorbringt,[37] zu Wechselwirkungen zwischen einem progressiven Neoliberalismus und populistischen Strömungen oder zu Modernisierungsprozessen und Leuten, die nicht mitkommen.[38] Im Kontext von Analysen zum Trumpismus und zum rechten Populismus wird viel über deren Ursachen diskutiert,[39] die Wissen-

---

34 Wir kommen darauf zurück, dass wir verschiedene räumliche und zeitliche Metaphernbestände nutzen, um etwas zu beschreiben, für das klare Begriffe fehlen.
35 Carolin Amlinger/Oliver Nachtwey, Gekränkte Freiheit. Aspekte des libertären Autoritarismus, Berlin 2022; Katharina Nocun/Pia Lamberty, Fake facts. Wie Verschwörungstheorien unser Denken bestimmen, Köln 2020.
36 Etwa Philip Manow, Die Politische Ökonomie des Populismus, Berlin 2018; Floris Biskamp, Ökonomie ist kulturell, Kultur ist ökonomisch: Einspruch zur politischen Ökonomie des Populismus, in: PROKLA. Zeitschrift für kritische Sozialwissenschaft 49/196 (2019), S. 463–476.
37 Ernesto Laclau, On populist reason, London 2007.
38 Wolfgang Merkel, Kosmopolitismus versus Kommunitarismus: Ein neuer Konflikt in der Demokratie, in: Philipp Harfst/Ina Kubbe/Thomas Poguntke (Hrsg.), Parties, Governments and Elites: The Comparative Study of Democracy, Wiesbaden 2017, S. 9–23; Nancy Fraser, Für eine neue Linke oder: Das Ende des progressiven Neoliberalismus, in: Blätter für deutsche und internationale Politik 2 (2017), S. 71–76; Arlie Russell Hochschild, Strangers in Their Own Land. Anger and Mourning on the American Right, New York 2018.
39 Wolfgang Fach, Trump – ein amerikanischer Traum? Warum Amerika sich verwählt hat, Bielefeld 2020; Dirk Jörke, Theorien des Populismus zur Einführung, Hamburg 2017; Jan-Werner Müller, Was ist Populismus? Ein Essay, Berlin 2016; Tilman Reitz, Aufstand der Anteillosen? Autoritärer Protest im digitalen Kapitalismus, in: Das Argument 323 (2017), S. 363–377; Georg Seeßlen, Trump! Populismus als Politik, Berlin 2017.

schaft hat den »falschen Propheten« ausgiebig auf den Zahn gefühlt.[40] Zudem erfahren Debatten zur *post-truth society* und zu Fake News einige Aufmerksamkeit,[41] Affekte und Emotionen sind ebenso wissenschaftlich von Interesse wie Narrationen aller Art.[42] Wir wollen diesen Deutungen und theoretischen Entwürfen nichts entgegenstellen, sie aber ergänzen. Es wirkt bisweilen, als könnte das Spiel ein fehlendes Puzzleteil sein, weil der Bullshit wie ein Spiel funktioniert. Uns geht es um die Mechanismen oder Abläufe, die den Unsinn ermöglichen und den Affekt zum Motor politischer Mobilisierung macht. Im Maschinenraum der Affektpolitik wird gespielt – und Unsinn in Serie produziert.

Nils-Christian Kumkar etwa argumentiert, dass niemand wirklich an »alternative Fakten« glaube,[43] weil sie keine Tatsachenbehauptungen seien, sondern eine »Art überschießende Widerlegung«.[44] Das stimmt vermutlich. Und vielleicht lässt sich diese Beobachtung mithilfe des Spiels besser fassen. Vielleicht lässt sich zeigen, wie diese überschießende Widerlegung, die praktisch nichts anderes ist als Unsinn, Raum greifen und affizieren kann. Ähnlich könnten die Dinge liegen, wenn es um das Konzept der Triggerpunkte geht, das Steffen Mau, Thomas Lux und Linus Westheuser zur Erklärung der aufgeheizten Stimmung und üblen Gesprächskultur vorgeschlagen haben.[45] Auch diese Momente, in denen eine sachliche Debatte ins Emotionale und Konfrontative kippt, lassen sich womöglich mit dem Spiel genauer verstehen.

---

40 Leo Löwenthal, Falsche Propheten: Studien zur faschistischen Agitation, Frankfurt am Main 2021.
41 Christine Hentschel/Susanne Krasmann, »Truth is where the funny lies«. On the desire for truth in serious times, in: BEHEMOTH – A Journal on Civilisation 11/2 (2018), S. 2–17; Rainer Mühlhoff, Affekte der Wahrheit. Über autoritäre Sensitivitäten von der Aufklärung bis zu 4Chan, Trump und der Alt-Right, in: BEHEMOTH – A Journal on Civilisation 11/2 (2018), S. 74–95; Frieder Vogelmann, The Problem of Post-Truth. Rethinking the Relationship between Truth and Politics, in: BEHEMOTH – A Journal on Civilisation 11/2 (2018), S. 18–37.
42 Sara Ahmed, Affective Economies, in: Social Text 22/2 (2004), S. 117–139; Candida Yates, Affect and Emotion, in: Routledge Handbook of Psychoanalytic Political Theory, 2019, S. 162–174.
43 Nils-Christian Kumkar, Alternative Fakten. Zur Praxis der kommunikativen Erkenntnisverweigerung, Berlin 2022.
44 Nils-Christian Kumkar, Arbeit an der gemeinsamen Wirklichkeit, Süddeutsche.de, 2022, https://www.sueddeutsche.de/kultur/nils-c-kumkar-alternative-fakten-soziologie-1.5678525 [15.12.2022].
45 Steffen Mau/Thomas Lux/Linus Westheuser, Triggerpunkte. Konsens und Konflikt in der Gegenwartsgesellschaft, Berlin 2023.

Einleitung: Unsinn und der Wille zum Spiel

Oder als Frage formuliert: Wie funktioniert es, dass offensichtlich unglaubwürdige Dinge ohne Referenz im Realen so viel Einfluss nehmen?

Ein weiteres, nicht weniger relevantes Thema müssen wir ausklammern. Der Unsinn in den Zwischenräumen des Spiels folgt nicht selten ökonomischen Interessen. Im Dezember 2022 ließ Trump einem »major announcement« (eigentlich eine Ankündigung wirklich wichtiger Dinge wie einer Kandidatur für das Präsidentenamt) die Veröffentlichung einer Website folgen, auf der man digitale Sammelbildchen seiner Person kaufen konnte. Diese täuschen als NFTs (Non Fungible Tokens) Einmaligkeit vor. Trump ist als Superman mit Laseraugen, als NASCAR-Fahrer oder Astronaut zu sehen, und der Spaß kostet 99 US-Dollar pro Stück. Viel ersichtlicher kann ein politischer Akteur den spielerischen wie unsinnigen Charakter dessen, was er Politik nennt, nicht zeigen und unmittelbar mit ökonomischen Interessen verbinden – zumal er das Ganze selbst mit Sammelbildchen beim Baseball vergleicht.[46] Jenseits dieses durchschaubaren monetären Manövers wären die systematischen Verstrickungen einer politischen Ökonomie (des Digitalen) in die verspielte Welt des grassierenden Unsinns interessant: »Mit den digitalen Medien hat Bullshit eine ganz neue Verbreitung erfahren.«[47] Uns scheint es jedoch relevant, zunächst die Funktionen des Spiels, seine affektiven Kräfte und den damit verbundenen Aufstieg des Bullshits selbst zu vermessen.

Wenn Joseph Vogl in seinem Buch »Kapital und Ressentiment« von »Spielen der Wahrheit« und von einem »strukturellen Populismus« spricht und damit die Folgen von Social Media und Informationsökonomie meint,[48] dann ist es vielleicht an der Zeit, diese Spiele, ihre Abläufe und Effekte genauer zu bestimmen. Vogl skizziert eine »Unmittelbarkeitsillusion«, also das Gefühl, mithilfe digitaler Medien tatsächlich ganz dicht dran zu sein. Es entstehe, heißt es weiter, ein Digitalkult. Unser Versuch besteht darin, die Funktionsweise dieses Kults mit einer Theorie des Spiels genauer zu beschreiben. Wer (mit-)spielt, fühlt sich unmittelbar verbunden und ist Teil einer Illusion, statt nur zu beobachten.

Vielleicht erleben wir neben einer viel diskutierten Pandemie der Informationen[49] auch oder sogar eher eine Pandemie der Spiele, die keine sind und

---

46 Donald Trump, CollectTrumpCards, Donald Trump Digital Trading Card NFTs, 2022, https://www.collecttrumpcards.com/ [21.12.2022].
47 Hübl, Bullshit-Resistenz, S. 29.
48 Vogl, Kapital und Ressentiment, S. 117.
49 Zum problematischen Status von Information, die an sich weder wahr noch falsch sind, siehe Robert Feustel, »Am Anfang war die Information«. Digitalisierung als Religion, Berlin 2018, S. 150; Niklas Luhmann, Entscheidungen in der »Informationsgesellschaft«,

dem Unsinn den Weg bereiten. Vielleicht ist es an der Zeit, den Spielbegriff in Michel Foucaults viel zitierten »Wahrheitsspielen« weniger metaphorisch und mehr als soziale Praxis zu deuten.[50] Und vielleicht hat dessen »Wille zur Wahrheit« als Instrument der Herrschaft an Bedeutung verloren,[51] während der Trumpismus und seine Nachahmungen gezielt im »wilden Außen«,[52] sprich im Unsinnigen, agieren – mit beängstigendem Erfolg. Das sogenannte Postfaktische zu verstehen, hieße dann, weniger nach der Herstellung einer Wahrheit zu fragen, die Macht und Herrschaft absichern soll. Stattdessen macht sich ein Wille zum Spiel breit, der sich ganz unverhohlen, für alle erkennbar, nicht mehr darum schert, was stimmt. Der Unsinn konkurriert nicht mit anderen Befunden, sondern stellt seine eigene, selbstreferenzielle Erzählung einfach daneben. Logische oder faktische Einwände perlen ab, weil der gemeinsame Bezugspunkt, eine Realität, fehlt. Der Modus des Spiels erlaubt oder vereinfacht es, Wirklichkeitsbezüge nicht mehr vortäuschen zu müssen. Stattdessen liefert das Spiel Illusionen, Zugehörigkeit und Gefühle.

Wenn wir von *populistischen* Spielen sprechen, dann nutzen wir Populismus unzulänglich vereinfacht und aus Mangel an Alternativen. Helmut Dubiel hatte schon 1985 von einem »Phantom« gesprochen,[53] weil Begriff und Sache sich schlecht einfangen und abgrenzen lassen. Mal steht Populismus für eine schwache Ideologie, mal für eine mehr oder weniger geschickte Strategie rechter Machtergreifung; häufig wurde der Begriff – aus guten Gründen – als Verharmlosung reaktionärer, rechter und teils faschistorider Tendenzen kritisiert.[54] Die Probleme verschärfen sich mit den unterschiedlichen Deutungen dessen, wer das Populus sein soll. Wird es zum Deutschen Volk, ist eine heftige rechte Schlagseite garantiert. Ist eine Vielheit der arbeitenden Bevölkerung, also ein sozialer Volksbegriff gemeint, bekommt der Begriff eine andere Färbung und rechte Versionen werden zum »false populism«.[55] Für

---

1996, https://www.fen.ch/texte/gast_luhmann_informationsgesellschaft.htm [23.8.2024].
50 Michel Foucault, Sexualität und Wahrheit. Bd. 2: Der Gebrauch der Lüste, Frankfurt am Main 1995, S. 13.
51 Michel Foucault, Die Ordnung des Diskurses, Frankfurt am Main 1998, S. 14.
52 Ebenda, S. 24.
53 Helmut Dubiel, Das Gespenst des Populismus, in: Merkur 39/438 (1985), S. 639–651, hier S. 639.
54 Genauer zum Begriff siehe Peter Bescherer/Robert Feustel, Der doppelte Populismus. Konturen eines schwierigen Begriffs, in: Berliner Debatte Initial 29/2 (2018), S. 133–144.
55 David A. Graham, The Fakest Populism You Ever Saw, The Atlantic, 2024, https://www.theatlantic.com/politics/archive/2024/07/trump-vance-fake-populism/679100/ [8.11.2024].

unsere Belange ist Populismus allerdings nur der Name für einen Politikstil trumpistischer Prägung,[56] in dem sich eine (oft verschwörungstheoretisch aufgeladene) Elitenkritik und die Behauptung, einen wahren Volkswillen zu vertreten, ebenso findet wie ungehemmtes Fabulieren – also Bullshit. Die folgenden Überlegungen lassen sich als Präzisierung dieses Stils lesen, der – mit tatkräftiger Unterstützung medialer, also digitaler Bedingungen – weite Kreise gezogen hat. Vogls »struktureller Populismus« kommt dem womöglich nahe. Die Formulierung »populistische Spiele« bleibt begrifflich dennoch ein Notbehelf; ein besserer Name steht bislang nicht zur Verfügung.[57]

Der Fokus auf Spielelemente bedeutet allerdings nicht, den täglichen Bullshit oder rechte und damit, wenn man so will, populistische Umtriebe als spielerisch oder spaßig und in der Folge als nicht ernsthaft zu verharmlosen. Einerseits fordert der analytische Blick gerade dazu auf, diesen Gegensatz zu unterlaufen, weil sich dann neue Blickwinkel eröffnen. Andererseits ist nur das tatsächlich – also im strengeren Sinn – ein Spiel, was sich jenseits alltäglicher oder politischer Realität befindet und bei dem sich die konkurrierenden Akteure wenigstens minimal respektieren – schließlich brauchen sie einander. Der populistische Unsinn vor allem rechter Ausprägung funktioniert daher nur wie ein Spiel, statt eines zu sein. Er lässt sich mit dessen Hilfe nur genauer verstehen. Die trumpistische Rechte und ihre entgrenzte Rhetorik dagegen haben längst jene »Schwelle überschritten«, die beide Sphären voneinander trennt. Wenn der »Andere, der Fremde als Feind erfahren oder begriffen wird, der zu bekämpfen sei oder als Unmensch hinausdefiniert wird, um vernichtet zu werden,«[58] ist das brutale Wirklichkeit. Um so wichtiger ist es, die Mechanismen, die Funktionsweise rechter Strategien genauer zu verstehen.

---

56 Dazu Noam Gidron/Bart Bonikowski, Varieties of Populism: Literature Review and Research Agenda, SSRN Scholarly Paper, 2013, https://papers.ssrn.com/abstract=2459387 [21.9.2024].

57 Trumpismus als Begriff ist selbst eher ein Schlagwort und verengt die Perspektive, Affekt- und Hyperpolitik oder -realität, die jeweils noch zur Sprache kommen werden, haben keine Verbindung zum Spiel. Es wäre auch denkbar gewesen, die kommenden Seiten als neue Theorie vorzustellen und sie einem der Ismen zuzuordnen. Sonderlich sinnvoll sind Debatten und Beiträge zur Bestimmung großer Begriffe dieser Art jedoch nur manchmal. Für den Moment schien es aber wichtiger, die Potenziale zu skizzieren, die eine Theorie des Spiels liefert.

58 Reinhart Koselleck, Begriffsgeschichten. Studien zur Semantik und Pragmatik der politischen und sozialen Sprache, Frankfurt am Main 2021, S. 275.

1 Weder Ernst noch Spaß: (Rollen-)Spiele und das Königreich Deutschland

Die Geschichte des bekannten Ku-Klux-Klans hat einen weniger bekannten Anfang. Der erste Klan wurde am 24. Dezember 1865 in Pulaski, Tennessee, von sechs ehemaligen Offizieren der im Bürgerkrieg unterlegenen konföderierten Armee gegründet. Es begann als eine Bruderschaft, die von geheimen Zirkeln inspiriert war und die zur eigenen Mystifizierung die spitz zulaufenden Kapuzen spanischer Mönche übernahm. Die geheime Gemeinschaft kreierte obskure Einweihungszeremonien, die einzig das Erstaunen und die öffentliche Neugier sowie die Belustigung ihrer Mitglieder zum Zweck hatte, wie es in Albert Clark Stevens »The Cyclopedia of Fraternities« heißt.[59]

Doch schon in den Anfangsjahren der Gruppe änderte sich dies. Immer mehr Mitglieder glaubten, dass hinter all den Formen auch etwas Bedeutsames stecken, dass sie ein höheres Ziel oder tieferen Sinn enthalten müsse. Der Wandel von einem zumindest dem Anschein nach weniger ernsten und karnevalesken Herrenverein, der auch Juden aufnahm, zum rechtsradikalen und terroristischen Klan erfolgte erst, als deutlich wurde, dass besonders ehemalige Sklaven durch die nächtlichen Ausritte in Kostümen in Angst und Schrecken versetzt wurden. Das Ziel lag von nun an in der Wiederauferstehung des Südens und der Unterdrückung und Terrorisierung der Schwarzen Bevölkerung. Der ursprünglich kleine Kreis erfuhr bald darauf einen Zustrom aus dem ganzen Süden der USA. Besonders jene fühlten sich verbunden, die mit der Gesellschaft und ihren vom Norden geprägten demokratischen Idealen unzufrieden waren. Die Gründer hatten ein Monster geschaffen.[60] Aus einem Maskenspiel wurde brutaler politischer Ernst. Vermutlich hatte das Spiel zusammen mit der Macht der Tarnung starke affektive Kräfte. Ein

---

[59] Albert Clark Stevens, The Cyclopaedia of Fraternities: A Compilation of Existing Authentic Information and the Results of Original Investigation as to the Origin, Derivation, Founders, Development, Aims, Emblems, Character, and Personnel of More Than Six Hundred Secret Societies in the United States, New York City 1899, S. xvi–1 https://archive.org/details/cyclopdiaoffra00stevrich/page/n9/mode/2up [20.12.2022].

[60] Ebenda, S. 416–420.

doppeltes Spiel begann, das heute bekannt ist: radikal und gewaltbereit hinter der Maske, gezähmt und taktisch zivilisiert ohne, wenn es nützlich ist.

Neuere Forschungen zum Ku-Klux-Klan gehen davon aus, dass frühere Selbstdarstellungen als ursprünglich harmloser, also eher karnevalesker Verein politisches Kalkül war. Rebellische Gruppen neigen dazu, sich vorübergehend zu verkleiden oder zu maskieren, wie Elaine Frantz Parsons in ihrem Artikel »Midnight Rangers« beschreibt.[61] Wenn politische Forderungen gewagt oder radikal sind, liefert das Karnevaleske einen Rückzugsweg und ermöglicht es, eigentliche Absichten vor der Staatsmacht zu verbergen, die eine Zeit lang unsicher ist, ob das Phänomen spielerisch oder ernsthaft sei.[62] Die Reaktion der Macht wird so verzögert. Der Ku-Klux-Klan stützte sich in seiner Strategie der Ambivalenz auf Elemente der Populärkultur wie Kostüme, Paraden und Musik. Sein Ziel sei es gewesen, argumentiert Frantz Parsons, einen theatralen Grenzraum zwischen Spiel und Gewalt zu bewirtschaften. Kapuzen und Mäntel dienten nicht nur zur Verschleierung der eigenen Identität, sondern auch als Requisiten eines komischen Schauspiels. Der Modus des Karnevalesken ist eine »Strategie der Schwachen«,[63] die zunächst vor allem für Verwirrung sorgt.

Was es dem Prinzip nach also schon länger gibt, hat im frühen 21. Jahrhundert eine neue Dringlichkeit erfahren. Gespielt wird vielerorts, analog wie digital. Die neuen Medien erleichtern die Praxis und vergrößern die Adressatengruppe. Die Maskerade des digitalen Pseudonyms erlaubt Rollenspiele aller Art. Die Gleichzeitigkeit von spielerischer Selbstermächtigung und Weltflucht ist attraktiv, denn die kalte Realität mit ihrer Unübersichtlichkeit rückt in den Hintergrund und wird von vergleichsweise einfachen Spielregeln überdeckt. Der Überforderung lassen sich Spielwelten entgegenstellen. Nicht zufällig ist häufig von Gamification und Ludifizierung die Rede. In der Arbeitswelt sollen spielerische Anreize so gesetzt werden, dass sich die Produktion optimiert, in der Bildung setzt man zunehmend auf gamifizierte Lern-Apps, und Datingportale sind schon lange mit spielerischen Elementen wie Swiping und Matching aufgepeppt. Selbst der Terror hat sich gamifiziert: Die Attentäter von Christchurch und Halle (beide 2019) übertrugen ihre Gewaltakte in Ego-Shooter-Perspektive live in Onlineforen und vermarkteten sie als

---

61 Elaine Frantz Parsons, Midnight Rangers: Costume and Performance in the Reconstruction-Era Ku Klux Klan, in: The Journal of American History 92/3 (2005), S. 811–836.
62 Ähnliches lässt sich bei der Verkleidung der Boston-Tea-Party-Bewegung als Indigene, der Guy-Fawkes-Maske von Anonymous oder den Hawaiihemden der Boogaloo Boys beschauen.
63 Parsons, Midnight Rangers, S. 814.

Let's Plays. Die Logik des Spiels ist also attraktiv, schließlich gehört es in eine andere Welt und entbindet zumindest zeitweilig von den Mühen des Alltags. Bis das Spiel kein Spiel mehr ist oder die Wirklichkeit nicht mehr wirklich.

1.1 Kurze Theorie des Spiels

In einem »Spiegel TV«-Interview aus dem Jahr 2012 führt Peter Fitzek, selbsternannter König von Deutschland, einen Reporter in seine Lagerhallen. Dort ist ein geheimnisvolles Technologieprojekt zu bestaunen, um das Fitzek und seine Freund:innen nach eigener Aussage viele beneiden und ihnen deshalb sogar nach dem Leben trachten. Zu sehen ist ein alter, mit bunten Blümchen beklebter Peugeot mit skurrilen Aufbauten, der, so Fitzek, mit Wasser als Treibstoff fahren kann. Als der Journalist danach fragt, ob er das Auto testen könne, meint Fitzek, dass leider die Batterie leer und das Auto deswegen aktuell nicht fahrbereit sei.[64] Fitzeks Miene bleibt den Umständen zum Trotz völlig seriös. Diese Szene ist so bizarr, dass nicht einmal der selbsternannte König von Deutschland verwirrt genug sein kann, das alles ernst zu nehmen. Schließlich dürfte auch er das Auto nicht mit Wasser im Tank fahren gesehen haben. Es gibt aber keinen Hinweis auf Spaß oder Satire. Das Dilemma ist offenkundig: Fitzek muss sich eigentlich in eine Rolle begeben, nur Spaß machen, also mit dem Journalisten ein Spiel spielen, trägt aber alles mit tiefer Überzeugung vor. Spiel oder kein Spiel? Vielleicht ist das eine falsch gestellte Frage. Doch der Reihe nach.

Vom Spiel zu reden, bringt gewisse Schwierigkeiten mit sich. Es hat sich in beinahe unzähligen Winkeln des Sprechens eingenistet: Wenn es wirklich wichtig wird, steht alles auf dem Spiel; gefährlich wird es, wenn jemand ein doppeltes Spiel spielt; finanzieller Spielraum ist nicht zu verachten; schön ist es, wenn Dinge mit spielerischer Leichtigkeit von der Hand gehen; ein Naturschauspiel kann schön wie beängstigend sein; wer es auf das Liebesspiel abgesehen hat, muss womöglich einen ersten Zug machen, könnte sich aber auch verzocken; die wirklich großen Firmen sind Global Player usw. Das Wort selbst ist vielgestaltig und weit verstreut. Und wer metaphorische Spielbezüge aus Schach, Poker, Skat oder Fußball, um nur einige zu nennen, dazuzählt, erkennt, wie tief das Spiel kulturell verankert ist.

---

64 Spiegel TV, Die Anfänge des »Königreichs Deutschland«, 2012, https://www.youtube.com/watch?v=Xl-JO0THAkw [28.12.2022], Min. 15.

1 Weder Ernst noch Spaß: (Rollen-)Spiele und das Königreich Deutschland

Diese Vielfalt spielerischer Anleihen speist sich aus verschiedenen Quellen und verlangt Eingrenzungen, um nicht ins Beliebige abzudriften. Eine Quelle führt zu tiefgreifenden philosophischen und erkenntnistheoretischen Fragen. Das Spiel eröffnet eine Perspektive, mit der sich die Geschichte des westlichen Denkens dekonstruieren ließe[65] – mit Stationen bei Friedrich Nietzsches »Spieltrieb« des Künstlers und des Kindes, der ein »Werden und Vergehen, ein Bauen und Zerstören, ohne jede moralische Zurechnung« ins Werk setzt und »andere Welten ins Leben« ruft;[66] bei Ludwig Wittgensteins und später François Lyotards »Sprachspielen« oder bei Jacques Derridas »Die Struktur, das Zeichen und das Spiel im Diskurs der Wissenschaften vom Menschen«.[67] Diese lange Wanderung durch die Geschichte der Philosophie führt auch zu jenen Zwischenräumen, die uns interessieren, also zu systematischen Unklarheiten, was Spaß und Ernst, was Fiktion und Wirklichkeit oder Glauben und Wissen angeht. Für eine politische Analyse der Gegenwart, die dem grassierenden Unsinn auf die Schliche kommen will, wäre dieser Weg jedoch arg weit.[68] Einer anderen Spur ist leichter zu folgen. Sie führt über die Gegenwartsanalyse einer sozialen Praxis des Spiels zu den drei Zwischenräumen. Das konkrete Spielen erweist gewissermaßen die Theorie.

Zunächst ist es ratsam, möglichst klare Konturen des Spiels zu zeichnen, die erst mit der Zeit verschwimmen und dem Unsinn ungeahnte Möglichkeiten eröffnen. Das Spiel ist freiwillig, räumlich und zeitlich eingehegt und wiederholbar, es folgt Regeln, es setzt Emotionen frei und ist das Andere des Ernsten oder Wirklichen. Zwar hat Friedrich Schiller bereits im 18. Jahrhundert die Rolle des Spiels für die ästhetische Erziehung des Menschen betont

---

65 Dekonstruktion allerdings nicht verstanden als popkulturelle Umschrift von Kritik, sondern strenger im Sinne Derridas, siehe Robert Feustel, Die Kunst des Verschiebens. Dekonstruktion für Einsteiger, Paderborn 2015.
66 Friedrich Nietzsche, Die Geburt der Tragödie, Unzeitgemäße Betrachtungen. Sämtliche Werke. Kritische Studienausgabe in 15 Bänden, Bd. 1, München 1999, S. 830 f.
67 Ludwig Wittgenstein, Philosophische Untersuchungen, Frankfurt am Main 1967, S. 17; Jean-François Lyotard, Das postmoderne Wissen. Ein Bericht, Wien 2019, S. 36; Jacques Derrida, Die Schrift und die Differenz, Frankfurt am Main 1989, S. 114.
68 Zumal eine mit dem Spiel vorgetragene Kritik der westlichen Ontologie Schwierigkeiten hätte, historische Veränderungen einzupreisen: »Die Abwesenheit eines transzendentalen Signifikats«, die das »Spiel des Bezeichnens ins Unendliche« treibt (Derrida, Die Schrift und die Differenz, S. 424), ist eine zeitlose erkenntnistheoretische Einsicht. Das Spiel ist, aus dieser Richtung beschaut, ein durchaus überzeugendes begriffliches Angebot, um falsch gestellte Fragen nach der Eigentlichkeit des Seins und nach binären Gegensätzen zu unterlaufen.

und behauptet, dass der Mensch nur da ganz Mensch sei, wo er spielt.[69] Aber mit dem niederländischen Kulturhistoriker Johann Huizinga und seinem Werk »Homo Ludens«, das 1938 erstmals erschien, bekam das Spiel als soziale und kulturelle Praxis seine bis heute relativ unbestrittenen Konturen.[70]

Die idealtypische Skizze des Spiels, dessen Grenzen noch ausführlich zur Sprache kommen werden, beginnt mit seiner *Freiwilligkeit.* Es existiert kein physischer Zwang, Spielen ist Freizeit. Für sich genommen ist es sogar überflüssig, dient dem Vergnügen und kann jederzeit ausgesetzt oder unterlassen werden. Das Spiel ist daher notwendig räumlich und zeitlich begrenzt. Oft wird es durch einen symbolischen Rahmen, ein Spielfeld eingehegt, etwa Arenen, Spieltische, Zauberkreise, Tempel oder Bühnen. Das Spiel hat mehr oder weniger klar definierte Regeln, die nicht nur Beginn und Ende abstecken, sondern auch Handlungsabfolgen vorgeben: »Innerhalb des Spielplatzes herrscht eine unbedingte Ordnung.« Das Spiel »schafft Ordnung, ja es ist Ordnung. In die unvollkommene Welt und in das verworrene Leben bringt es eine zeitweilige, begrenzte Vollkommenheit«.[71] Der freiwillige Freizeitspaß ist offenkundig eng mit Emotionen verbunden. Bisweilen schlagen die Wellen am Pokertisch oder im Stadion hoch. Die starken Gefühle, die das Spiel freisetzt, dürften der wesentliche Motor dafür sein. Im Gamification-Modus, mit dem affektive Potenziale beim Lernen oder im Kontext ökonomischer (Selbst-)Ausbeutung abgeschöpft werden sollen, treibt das Spiel andere Bereiche an. Um kurz vorauszuschauen: Vermutlich fallen Gamification und ein neues Interesse der Sozialwissenschaften an Affekten und Gefühlen nicht zufällig zeitlich zusammen.

Wer sagt: »Ich spiele (nur)«, bringt damit unweigerlich zum Ausdruck, dass es nicht ernst ist, womit auch immer. Nicht selten dient der Verweis auf ein Spiel in Konfliktkonstellationen als Rückzugsmanöver. Man habe nur spielen wollen. Die soziale Wirklichkeit kennt genau genommen vorrangig unklare Grenzen und Überlappungen beider Sphären, also des Ernsten und des Verspielten. Entweder weil das eigentlich Ernste zum Spiel verklärt wurde, weil der eine spielt und die andere das vermeintliche Spiel nicht als solches erkennt oder weil das affektive Potenzial, also die Gefühlsintensität, jenes der wirklichen Welt übersteigt.

---

69 Friedrich Schiller, Über die ästhetische Erziehung des Menschen in einer Reihe von Briefen, Ditzingen 2000, S. 62f.
70 Huizinga (Homo ludens, S. 37–56) diskutiert den Spielbegriff in vielen anderen Sprachen. Die Kurzfassung: Er ist so ziemlich überall von Bedeutung und besetzt durchaus vergleichbare semantische Felder wie im Deutschen.
71 Ebenda, S. 16–19.

1 Weder Ernst noch Spaß: (Rollen-)Spiele und das Königreich Deutschland

Eingangs war schon von Fußballfans die Rede, deren Ausbrüche von Freude oder Trauer im wirklichen Leben schwer Vergleichbares finden. Die übliche Entgegensetzung von Spiel und Ernst, wie schon Huizinga argumentiert,[72] ist nur bedingt tauglich. Vielmehr kann das Spiel Kräfte freisetzen, die er als heiligen Ernst in Abgrenzung zum profanen Ernst der wirklichen Welt bezeichnet, als etwas also, das aus dem Spielerisch-Spaßigen erwächst, aber affektiv über das eigentlich Ernste der Wirklichkeit hinausgehen kann. Wer mit Fußball oder Fankultur nichts am Hut hat, ist häufig stark verwundert ob der Leidenschaft der Fans. Und alle, die nie Gamer:in im stereotypen Sinn des Begriffs waren, verstehen nicht, was ein »rage quit« mit lautstarker Zerstörung des Bildschirms soll.[73] Dieses Unverständnis liegt nicht allein, aber genauso auch nicht zuletzt darin begründet, dass die Gegenüberstellung von Spiel und Wirklichkeit oder Spaß und Ernst undeutlich ist. Die Reichsbürger:innen und ihr König werden dies gleich bebildern.

Bleibt noch eine begriffliche Differenzierung. Schließlich erstreckt sich das Spiel von philosophisch bedeutsamen Sprachspielen und den Kindern im Sandkasten über Musik, Theater, Schach, Fußball bis hin zu Ego-Shootern. Die von George Herbert Mead bereits in den 1930er Jahren sozialtheoretisch ausgeleuchtete und im Englischen übliche Unterscheidung von *game* und *play* markiert zwei Pole des Spiels,[74] die unterschiedliche Konturen erkennen lassen. Während *games* klar abgegrenzte Spiele mit vergleichsweise dauerhaften und zumeist verschriftlichten Regeln sind, beschreibt *play* eher die freiere, weniger klar eingehegte Form des Spielens. Das klassische Beispiel sind Kinder auf dem Spielplatz. Der entscheidende Unterschied ist die Zeitdimension der Regeln. Die des *plays* sind weniger statisch, sie haben eher den Charakter von Richtlinien, die kurze Zeit später oder andernorts schon nicht mehr gelten müssen. Bisweilen gewinnt, wer die Regeln erfolgreich überschreiten, dehnen oder verändern kann. Jimi Hendrix etwa hat sehr erfolgreich die bis dato üblichen Regeln des Gitarrenspielens aus den Angeln gehoben.[75] Ohne Zweifel sind die Übergänge – erneut – fließend. Dennoch wird es für eine Theorie des Spiels, das gleich drei Zwischenräume öffnet, heuristischen Wert haben, beide Sphären zu unterscheiden. Mit dem *play*, also mit der flexibleren, uneindeu-

---

72 Ebenda, S. 10.
73 Der Begriff *rage quit* bezeichnet eine Verhaltensweise, bei der Spieler:innen hochgradig wütend ein Spiel vorzeitig verlassen. In extremen Fällen wird die Wut an technischen Gegenständen ausgelassen.
74 George Herbert Mead, Geist, Identität und Gesellschaft aus der Sicht des Sozialbehaviorismus, Frankfurt am Main 1991.
75 Klaus Theweleit/Rainer Höltschl, Jimi Hendrix. Eine Biographie, Berlin 2008.

tigeren Form, geraten Rollenspiel und Mimikry (als politische Praxis) in den Blick, deren Regelbezug variabel ist und die es vielleicht deshalb so einfach machen, die Grenzen zwischen Spaß (oder Spiel) und Ernst zum Einsturz zu bringen.

Der Kapitalismus selbst hat einige spielerische Elemente, die Praxis der Spekulation lässt sich jedenfalls so deuten.[76] Auch die Popkultur ist an »Hunger Games« (2012) und am »Squid Game« (2021) auffällig interessiert. Und trotzdem ist das Spiel als Modus zur Erklärung der politischen Gegenwart noch nicht ausgeleuchtet. Besonders jene bereits angedeuteten Zwischenräume, die es öffnet, lassen erahnen, dass es nicht nur ökonomisch nutzbare Affekte liefert, sondern dabei helfen kann, den Unsinn zu verstehen.

1.2 Das Rollenspiel Reichsbürger:innen

Kehren wir zum vermeintlichen König von Deutschland und seinem mit Wasser fahrenden Auto zurück. Zunächst erinnert diese Szene fast unweigerlich an Kinder, deren Sandtorte mit einer herrlichen Ernsthaftigkeit zur Verkostung herumgereicht wird. Kinder allerdings wissen sehr genau, dass es sich um Sand handelt, Fitzek scheint dies nicht klar zu sein. So albern das wirken mag, so gefährlich sind Reichsbürger:innen und ihre König:innen.

Die Bewegung gerät seit den 2010er Jahren zunehmend ins Licht der Öffentlichkeit, oft im Zusammenhang mit Widerstand oder Gewalt gegen staatliche Behörden. Im August 2016 wurde der hoch verschuldete Selbstverwalter Adrian Ursache, der auf seinem Grundstück in Sachsen-Anhalt den »Staat Ur« ausgerufen hatte, mit einer Zwangsräumung konfrontiert. Er verweigerte dem Gerichtsvollzieher den Zugang und drohte zudem mit Gewalt, woraufhin dieser um Amtshilfe durch die Polizei bat. Die Situation eskalierte, es fielen Schüsse. Ursache schoss einem Beamten ins Gesicht und wurde daraufhin ebenso niedergeschossen. Zu seinen Unterstützer:innen, die sich vor dem Haus versammelt hatten und die Polizei mit Pflastersteinen bewarfen, gehörte auch der Reichsbürger Wolfgang Plan, der wenig später bei

---

76 Siehe dazu Urs Stäheli, Spektakuläre Spekulation. Das Populäre der Ökonomie, Frankfurt am Main 2007. Mitunter werden die gegenwärtigen Konturen als Ludokapitalismus beschrieben, siehe Konstantin Vollmer/Felix Kramer, Let's play Infokrieg! Wie die radikale Rechte (ihre) Politik gamifiziert. Ein Resümee zum Online-Vortrag von Arne Vogelgesang, in: kommunikation.medien 12 (2020), S. 1–11, hier S. 4.

einem Polizeieinsatz in seinem Haus im mittelfränkischen Georgensgmünd einen SEK-Beamten erschoss.

Anfang Dezember 2022 machte die Aufdeckung eines Umsturzversuchs der Reichsbürgerbewegung Schlagzeilen. In den frühen Morgenstunden des 7. Dezember 2022 stürmten Spezialkräfte der Polizei bundesweit Wohnungen. Sie vollstreckten 25 Haftbefehle gegenüber Personen, die in Verbindung zum Reichsbürger (und echten Prinzen) Heinrich XIII. Prinz Reuß stehen, Leitfigur der Verschwörer:innen, und begannen mit umfangreichen Durchsuchungen. Die Bundesanwaltschaft warf rund 50 Personen vor, eine terroristische Vereinigung gebildet zu haben, um die verfassungsmäßige Ordnung der Bundesrepublik Deutschland zu beseitigen und einen Staat nach Vorbild des Deutschen Reichs von 1871 zu errichten. Bei der Razzia wurden mehr als 100 Waffen gefunden. Das ist alles nicht witzig und wirkt nicht spielerisch. Die Gleichzeitigkeit von leicht durchschaubarer Maskerade oder plumpem Bühnenspiel auf der einen und brutaler Ernsthaftigkeit auf der anderen Seite dürfte der Grund dafür sein, dass Reichsbürger:innen (und andere politische Initiativen ähnlicher Färbung) so schwer zu fassen sind.

Reichsbürger:in ist beispielsweise, wer glaubt, Deutschland – also das Reich – befinde sich noch immer im Krieg.[77] Der heutige deutsche Staat sei eigentlich keiner, jedenfalls kein souveräner, sondern vielmehr eine GmbH. Der Personalausweis entlarve dieses Konstrukt, weil Bürger:innen als Personal geführt würden, demnach angestellt seien. Teile der Szene beziehen sich explizit auf das Deutsche Reich (in unterschiedlichen Grenzen), das für sie und durch sie fortbestehe. Andere wie Ursache rufen einen Staat im Staate aus. Das ideologische Konstrukt der Reichsbürger:innen kommt selbstredend nicht ohne die Vorstellung geheimer Mächte aus, die im Hinterzimmer die eigentlichen Fäden ziehen. Es sind die üblichen Bausteine von Verschwörungsmythen, mitsamt dem dafür typischen Antisemitismus.[78] Auch das harmlos wirkende Königreich von Fitzek fällt in diese Kategorie. In einem 2023 auf der eigenen Plattform geposteten Video »Über die geheimen Hintergründe der politischen Lage« verbreitet er kruden wie typischen Antisemitismus,[79] indem er den Zuschauenden rät, »tiefer in den Kaninchenbau« zu schauen und zu erkennen, dass eine jüdische Sekte hinter allen Regierungen der Welt stehe und diese für alle Kriege und Krisen verantwortlich sei.

---

77 Jan Rathje, Reichsbürger, Selbstverwalter und Souveränisten. Vom Wahn des bedrohten Deutschen, Münster 2017.
78 Ebenda, S. 49.
79 Peter Fitzek, Die geheimen Hintergründe der politischen Lage!, 2022, https://krdtube.org/w/cSHas2W86T2PsYsfspFNmY [19.1.2024].

1.2 Das Rollenspiel Reichsbürger:innen

Bis vor Kurzem wurde auf diese Gruppen vorrangig mit Amüsement geblickt, schließlich gibt es mehrere Könige in mehreren Reichen. Selbst nachdem offizielle Stellen eine terroristische Vereinigung am Werk sahen, sprach der konservative Kolumnist Jan Fleischhauer lediglich von einem »Operettenstadl«,[80] von einem Bühnenspiel eines fingierten Staates also, das vor allem lächerlich sei, schließlich gebe es im Stab der neuen Regierung von Prinz Heinrich dem XIII. eine »Beauftragte für Transkommunikation«, eine Astrologin, die Rat aus den Gestirnen erhalte. Das könne nicht ernst sein. Fleischhauers Schwierigkeiten, über den Zirkus um Prinz Heinrich den XIII. nicht auch zu schmunzeln, sind nicht völlig unverständlich, auch wenn die reale Gefahr spätestens mit dem Prozessbeginn gegen den Prinzen und seine Gruppe nicht mehr zu übersehen ist. Aber womöglich stimmt – wie erwähnt – beides und Reichsbürger:innen sind genauso Maskenball und Mienenspiel wie brutaler politischer Ernst.

Mit Roger Caillois, der mit »Die Spiele und die Menschen« in den 1960er Jahren das zweite Standardwerk nach Huizinga zum Spiel als zentralem Element der Kultur veröffentlichte, lassen sich die Reichsbürger:innen zunächst als eine Form des Mimikry verstehen,[81] eine spielerische Nachahmung wirklicher Staaten und Staatsgründungen. Mimikry ist eine Art »Aufhebung der Wirklichkeit« auf Zeit. Was Caillois den Zuschauenden des Spiels unterstellt, ergibt für Anhänger:innen eines urdeutschen Phantasiereichs einigen Sinn. Sie müssen bereit sein, »sich der Illusion hinzugeben, ohne sich von vornherein gegen das Dekor, die Maske und die künstliche Welt zu wehren«, sie müssen »der Einladung Folge leisten«, so als sei »die gespielte Welt eine Wirklichkeit jenseits der Wirklichkeit.«[82] Das Reichsbürgertum ahmt, mit einem breiten Arsenal an Staffage und Kostümierung, einen Staat nach, um die Wirklichkeit eines anderen wenigstens gefühlt aufzuheben. Konkret sieht man das etwa an den Praktiken, Ausweise zu drucken, Fahnen zu gestalten, Ministerposten zu verteilen oder eigenes Geld in Umlauf zu bringen.

Die sehenswerte Krönungszeremonie Fitzeks zum neuen »König von Deutschland«, die auf YouTube zu bestaunen ist, liefert tiefe Einblicke. Im nachbearbeiteten Video kommentiert der König selbst Sinn und Bedeutung

---

80 Jan Fleischhauer, »Reichsbürger«-Razzien: Kolumnist Jan Fleischhauer zur Gefährlichkeit der Gruppe, Die Welt, 2022, https://www.welt.de/politik/deutschland/video242648761/Reichsbuerger-Razzien-Kolumnist-Jan-Fleischhauer-zur-Gefaehrlichkeit-der-Gruppe.html [26.12.2022].
81 Roger Caillois, Die Spiele und die Menschen. Maske und Rausch, Berlin 2017, S. 42–46.
82 Ebenda, S. 46.

1 Weder Ernst noch Spaß: (Rollen-)Spiele und das Königreich Deutschland

der einzelnen Symbole und Handlungsschritte.[83] Man sieht eine Bühne in einem scheinbar gut besetzten Theatersaal, einen Klavierflügel, einen Thron, einen mit Dokumenten und Kerzenleuchtern besetzten Tisch oder Altar und einen mit Zaubermantel und Stock ausgerüsteten Zeremonienmeister. Im Hintergrund hängt eine mit Wolken bemalte Leinwand. Fitzek, also der kommende König, und sieben weitere »Freie« erklären sich im Verlauf zu den ersten Gründungsmitgliedern des »Königreichs Deutschland«. Fitzek erklärt, als Bild im Bild ins Video montiert, was vor sich geht, was die mit festlicher Musik unterlegte Zeremonie zu bedeuten hat. »Hallo, ihr Lieben!«, beginnt er. »Ich möchte euch unsere Staatsgründung erklären. Denn alle Dinge, die wir hier gemacht haben, haben einen juristischen Grund. Wenn man einen Staat rechtswirksam gründen möchte, ist es erforderlich, ein gewisses Ritual zu vollziehen. In unserem Fall jetzt hier kniet Thomas vor dem Altar nieder, auf dem die Symbole des Allerhöchsten, des Schöpfers aufgestellt sind.« Der Zeremonienmeister im Video: »Jetzt ist der Augenblick gekommen, um den neuen Staat zu gründen. Erhebt eure Herzen! Wir erwarten die Souveräne.« Der Zeremonienmeister macht drei Stockschläge und acht »Souveräne«, auffällig zivil gekleidet, laufen nun in Reihe auf die Bühne. Nun erklärt Fitzek aus dem Off:

> Um jetzt einen Staat zu errichten, war es erforderlich, für eine gewisse Übergangszeit eine konstitutionelle Monarchie zu errichten. Die Räte als auch die basisdemokratischen Strukturen müssen erst noch geschaffen werden. Um die Zeremonie rechtswirksam als auch relativ unkompliziert zu gestalten, haben wir uns entschieden, mit acht Personen den Staat zu gründen. Acht, auch die Zahl von Gleichgewicht und Harmonie, denn alle Zahlen haben eine symbolische Bedeutung. Sie haben auch eine gewisse Information enthalten, die eine gewisse Kraft symbolisiert. Wir alle, als Menschen, die an einen höheren Schöpfer glauben, wir haben für uns begriffen, dass wir in diese Schöpfung eingebettet sind.[84]

Der Zeremonienmeister macht drei Stockschläge, während Fitzek nun auf der Mitte der Bühne steht und sagt: »Anbetung des Höchsten.« Fitzek kniend und betend vor dem Altar: »Hiermit erbitte ich deine Führung. Bedenke mich, auf meinem Weg zu dienen. Nimm diesen Körper als dein Werkzeug an.« Der zweite Fitzek aus dem Off fügt hinzu:

> Für mich ist es so, dass der Schöpfer selbst der alleinig Handelnde ist, der diesen Körper nutzen soll, um das zu erreichen, auf dieser Ebene hier, was er wünscht – nicht was ich als Person oder ein anderer wünscht. Der Mantel als Zeichen des Schutzes soll mich als

---

83 Abbey Rot, Königreich Deutschland – Krönungszeremonie – Kommentare und Bewertung erwünscht, 2012, https://www.youtube.com/watch?v=wnNl6g2j4aE [5.1.2023].
84 Ebenda, Min. 7.

den obersten Souverän als auch den Staat schützen und als Symbol dafür dienen, dass, solange wir tätig sind, Gottes Segen und Schutz auf uns liegt.[85]

Der Zeremonienmeister legt Fitzek einen rot-weißen Hermelinmantel um, klopft dreimal und sagt: »Reichsapfel und Zepter«, die Fitzek gereicht werden. Er legt sie auf den Altar und erneut erklärt der gewissermaßen säkulare Fitzek aus dem Off: »Der Reichsapfel als Symbol der Materie und der Erde, deswegen auch das Kreuz und eine Zahl vier oben drauf, als auch das Zepter, das Symbol der Macht.«[86] Am Ende ist der neue König in Amt und Würden und verspricht »den Deutschen nach über sechzig Jahren wieder eine Heimat in wahrer Freiheit.«[87] Irgendwann vor 1949 also war das Volk das letzte Mal frei. Was für ein Zufall.[88]

An dieser Passage ist vieles auffällig. Fitzek bedient etwa die alte Vorstellung der zwei Körper des Königs, des immanent-leiblichen und des transzendent-göttlichen.[89] Der Allerhöchste (von Gott ist nur selten die Rede, weil das die Kirchen als jene Instanz ins Spiel bringen würde, die bis dato die halbe Göttlichkeit der Herrscher:innen beglaubigte) regiert gewissermaßen durch den Körper des neuen Königs. Er lässt auch die Heiligkeit der Dreizahl und die Zahlenmystik der Numerologie nicht aus. Er mischt Souveräne, Räte und Monarchie freihändig mit Basisdemokratie, eine Art Buzzword-Parade. Besonders auffällig allerdings ist der Umstand, dass der König selbst im Nachgang seiner Inthronisierung die Dinge ausführlich erklären muss. Nichts scheint selbsterklärend, die Sakralität der Objekte muss ebenso benannt wie die Rechtswirksamkeit der ganzen Zeremonie betont werden. Offenkundig hat sich Gottes Gnade nicht herumgesprochen; mit der Souveränität des Souveräns ist es nicht weit her. Stellen wir uns für einen Moment vor, Charles III., König von Großbritannien, wäre genötigt, seine eigene Ernennung zum König

---

85 Ebenda, Min. 3.
86 Ebenda, Min. 5.
87 Ebenda, Min. 9.
88 Das »Königreich« hat mittlerweile mehrere über Spenden finanzierte Großimmobilien, zumeist Schlösser, im Wert von Millionen Euro in den ostdeutschen Bundesländern. In der Coronapandemie hatte das Spendenaufkommen deutlich zugenommen, siehe Tobias Ginsburg, Die Reise ins Reich. Unter Rechtsextremisten, Reichsbürgern und anderen Verschwörungstheoretikern, Hamburg 2021. In dieser Zeit wuchs auch sein Mitarbeiterstab von sechs auf 60 Bedienstete oder »freie Menschen des Königreichs«, wie Fitzek gern in Interviews mit leuchtenden Augen erklärt, siehe mdr.de, So trickst Reichsbürger Fitzek Deutschland aus, 2022, https://www.mdr.de/nachrichten/sachsen/reichsbuerger-fitzek-koenig-deutschland-sachsen-114.html [4.1.2023].
89 Ernst Kantorowicz, Die zwei Körper des Königs. Eine Studie zur politischen Theologie des Mittelalters, München 1994.

wortreich zu erklären. Nicht, dass die Zeremonie des Windsors weniger Lametta und – nüchtern beschaut – lächerliche Rituale zu bieten hatte. Keineswegs. Auf der Formebene ist der Unterschied erstaunlich gering. Während das eine allerdings eine unzeitgemäße und theatrale Praxis der wirklichen Welt ist, gehört das andere offenkundig dem Bereich der Rollenspiele an. Es folgt dem Modus zeitgemäßer LARPs, gut daran zu erkennen, dass der König ausführlich die Regeln erklären muss, damit er auch König sein darf.[90]

Ein LARP ist, grob zusammengefasst, ein Rollenspiel, bei dem die Teilnehmer:innen ihre Charaktere physisch und nicht digital darstellen. Es geht um Phantasiewelten in einer realen Umgebung, wo kostümierte Personen in ihrer Rolle mit anderen interagieren und das Spielfeld markieren. Mögliche und unmögliche Spielzüge sind entweder über Regeln definiert *(game)* oder basieren auf einem eher spontanen Konsens zwischen Spielenden *(play)*. Event-Organisator:innen, die Gamemaster:innen genannt werden, entscheiden über das Setting und die Regeln. Die ersten LARPs gab es bereits Ende der 1970er Jahre, inspiriert von Brettspiel-Rollenspielen wie die bekannte Reihe »Dungeons and Dragons«. In den 1980er Jahren verbreiteten sie sich vor allem in den USA (etwa porträtiert in der Netflix-Serie »Stranger Things«). International hat sich seither eine Vielzahl von Stilen herausgebildet. Das Spiel kann sehr spielerisch sein oder sich mehr mit dramatischem oder künstlerischem Ausdruck befassen. Manchmal haben LARPs pädagogische oder politische Ziele. Die verwendeten fiktiven Genres variieren stark, von realistischen modernen oder historischen Nachstellungen bis hin zu phantastischen oder futuristischen Welten.

LARPs reichen von kleinen privaten Veranstaltungen, die einige Stunden dauern, bis hin zu großen öffentlichen und tagelangen Gigs mit Tausenden von Spielenden. In Deutschland gab es 2023 rund 1000 öffentlich ausgeschriebene LARPs mit Teilnehmerzahlen zwischen 20 und 10 000. Die Zahl der in der Community aktiven Spieler:innen liegt laut larp.net sogar zwischen 30 000 und 50 000. Die Faszination ist also groß. Auf der Webseite heißt es weiter, dass LARPs für »Kreativität, Erlebnis & Gemeinschaft« stehen:

> Neben den kreativen, handwerklichen und künstlerischen Möglichkeiten, die sich aus der Vorbereitung und der Betätigung im Liverollenspiel ergeben können (nähen, basteln, schreiben, schauspielern, organisieren ...), liegt die Faszination des Hobbys sicherlich vor allem im eigentlichen Erlebnis. Jeder Teilnehmer ist Teil einer spannenden Geschichte, in der er durch eigene Handlungen den Ablauf bzw. den Ausgang des Spiels bestimmt. So ist es auch nicht verwunderlich, dass im Umgang mit ungewöhnlichen und

---

90 Fitzek bestreitet übrigens, Teil der Reichsbürgerbewegung zu sein – wohl, weil er nun seine eigene Bewegung hat; siehe Ginsburg, Die Reise ins Reich.

unerwarteten Situationen gerade Teamfähigkeit, Kommunikation und das Finden von Lösungen aktiv gefördert und gefordert werden.[91]

In der politischen Bildung werden Simulationen oder sogenannte Planspiele von sozialen Konfliktsituationen, etwa Dorfgründungsszenarien, eingesetzt,[92] um demokratische Erziehung gamifiziert zu fördern. Auch »nordic LARPs«, die in einer dystopischen Bunkerwelt mit strikter Klassenherrschaft angesiedelt sind, bieten im Anschluss an das Spiel Reflexionsrunden an, die dazu dienen sollen, demokratischen Idealen die Wertschätzung zukommen zu lassen, die sie verdienen.[93] LARPs können durchaus emanzipatorischen oder gar progressiven Idealen dienen, insofern sie beispielsweise Ausgrenzung und Unrecht erlebbar machen.

Auch wenn LARPs vorrangig Fiktionales (von Filmen und Serien über Brett- und Computerspiele) in den physischen Raum transferieren, also eine gegenständliche zweite Fiktion entwerfen, sind die Überschneidungen zu den Reichsbürger:innen auffällig. Der Zeremonienmeister bei Fitzek ist der Spielleiter, Rollen und Kostüme sind vergeben worden, das Regelwerk, das vom neuen König so unablässig und feinteilig erläutert wird, legt mögliche und unmögliche Manöver oder Spielzüge fest. Und alle müssen die Regeln kennen, damit das Spiel funktioniert. Wer sie nicht anerkennt, muss aussortiert werden, darf also nicht weiter mitspielen. »Wenn man ein Spielfeld aufbaut«, erklärt Fitzek höchstselbst, »in dem die Ratten ihr wahres Gesicht zeigen können, dann kann man sehr einfach diese Leute, die nicht förderlich fürs Gemeinwesen sind, sondern eher nur zersetzenden Einfluss nehmen wollen, schnell eliminieren.«[94] Sicher, das Spielfeld ist an dieser Stelle eher als lexikalisierte Metapher gedacht. Eine Szene aus den Anfangsjahren des Reichs, die von »Spiegel TV« gefilmt wurde, verdeutlicht dennoch die Begrenzung eines buchstäblichen Spielfelds. Der engere Kreis um Fitzek fremdelte damals mit dessen absolutistischer Herrschaft (also mit den Spielregeln), vor allem

---

91 larp.net, Was ist LARP (Liverollenspiel)?, LARP.net – LARP seit 1995, 2023, https://www.larp.net/was-ist-larp/ [4.1.2023].

92 Andreas Petrik, Von den Schwierigkeiten, ein politischer Mensch zu werden. Konzept und Praxis einer genetischen Politikdidaktik, Opladen 2013.

93 ARD, WeltenSpieler – Faszination Live Action Role Playing. Folge 3: Von Western bis Cyberpunk, ARD Mediathek, 2022, https://www.ardmediathek.de/video/weltenspieler-faszination-live-action-role-playing/folge-3-von-western-bis-cyberpunk-s01-e03/hr-fernsehen/Y3JpZDovL2hyLW9ubGluZS8xODUxMDM [4.1.2023].

94 Jean-Philipp Baeck, Wenn er König von Deutschland wär. Peter Fitzek und sein Imperium in Wittenberg, in: Andres Speit (Hrsg.), Reichsbürger. Die unterschätzte Gefahr, Bonn 2018, S. 62–78, hier S. 66.

wenn es ums Geld ging. Der König versuchte schließlich, seine Kritiker:innen – die »Hochverräter« – in seinen Räumlichkeiten festzuhalten, woraufhin diese die (echte) Polizei riefen.[95]

Was Fitzek und andere Könige in anderen deutschen Reichen tun, ist also recht offenkundig als Spiel lesbar. Es ist freiwillig, niemand muss mitmachen. Es ist räumlich und zeitlich begrenzt, auch wenn das Reich auf Dauer gestellt werden soll. Vermutlich wird nicht einmal der König selbst ununterbrochen in seiner Rolle existieren können, weil auch er nicht um die nüchterne Wirklichkeit des eigentlichen Staates herumkommt, der ihn umgibt. Der König und seine Untergebenen werden häufig simple Bürger:innen der BRD sein, einer Lohnarbeit nachgehen und in Euro zahlen, um ihre Existenz zu sichern. Die Wiederholbarkeit des Spiels ist mit ein paar Umwegen ebenfalls gegeben. Sicher, eine feierliche und mit viel Magie durchsetzte Inthronisierung lässt sich nicht beliebig replizieren. Dieser Spielzug ist, genau wie die Eröffnung beim Schach, nicht noch einmal zu haben. Aber das Spiel als solches ließe sich leicht wiederholen. Klappt es nicht mit der buchstäblich raumgreifenden Gründung eines neuen Staates, etwa weil die Behörden des anderen Staates dazwischenfunken, spricht nichts dagegen, später und vielleicht andernorts einen neuen Versuch zu wagen, eine neue Runde zu spielen. Das letzte Kriterium allerdings, das Spiel als das Andere des Wirklichen oder Ernsten, macht Probleme: einerseits weil Reichsbürger:innen nicht sagen würden, dass sie spielen, und andererseits weil das Etikett Spiel die blutigen Konsequenzen verharmlosen würde.

1.3 Ernsthafter Spaß, spaßiger Ernst und Spielgemeinschaften

Während bei herkömmlichen LARPs die Grenzen zur Realität relativ klar konturiert sind, schon weil sie oft phantastischen Vorlagen folgen, zeigen Reichsbürger:innen, dass Live-Rollenspiele doppelbödig sind oder zumindest das Potenzial haben, die Grenzen zu verwischen. Bei klassischen LARPs wissen (hoffentlich) alle Beteiligten, dass sie spielen und dass das Spektakel auf ein paar Tage begrenzt ist. Fitzek und seine Untertan:innen spielen zwar offensichtlich, erkennen das Spiel aber nicht als Spiel oder sie erkennen es nicht als

---

95 Spiegel TV, Die Anfänge des »Königreichs Deutschland«, Min. 22.

ein solches an. Ein Spiel also, das in einem Paradox zu Hause ist und unter dem Motto zu deuten wäre: This game is not a game. Als Frage formuliert: Was ist, wenn jemand spielt, aber nicht zugibt und womöglich nicht glaubt, dass es ein Spiel ist?

Soziale Praktiken können dann zu einem LARP werden, »wenn eine Partei Rollen spielt, dies aber nicht erkennbar macht, und wenn andere User durch Interaktion diese Fiktion validieren, also ins Spiel einsteigen«, erklärt Arne Vogelgesang.[96] Wenn Leute mitspielen, machen sie dies entweder, »weil sie die Behauptung tatsächlich glauben, oder weil sie einfach Lust haben mitzuspielen, um so zumindest temporär eine Wirklichkeit zu erschaffen«. Was Vogelgesang hier mit Blick auf digitale Praktiken, auf die wir noch zu sprechen kommen, beschreibt, ist eine Art Übergang vom tatsächlichen Spiel zu gespielten Wirklichkeiten oder zum Spiel mit Wirklichkeiten, die uns in anderen Zusammenhängen als alternative Fakten begegnen. Zunächst ist es unerheblich, ob jene Figuren, die Fitzek in seiner Rolle als König validieren, tatsächlich daran glauben oder nur spielen.

Um sinnvoll vom Spiel reden zu können, muss es auf gewisse Weise das Andere des Ernsthaften bleiben. Dennoch zeigt sich, dass die Dinge so einfach nicht sind. Huizinga berichtet von einem Mann, der seinen vierjährigen Sohn antrifft, wie er »auf der vordersten einer Reihe von Stühlen sitzt und ›Eisenbahn‹ spielt. Er hätschelt das Kind, dies aber sagt: ›Vater, du darfst die Lokomotive nicht küssen, sonst denken die Wagen, es wäre nicht echt.‹ In diesem ›Bloß‹ des Spiels«, erklärt Huizinga, »liegt [...] ein Gefühl von ›Spaß‹ gegenüber dem ›Ernstgemeinten‹, das primär zu sein scheint.« Selbst das Wissen oder das Bewusstsein, nur zu spielen, ändert nichts daran, »dass das Spiel mit dem größten Ernst vor sich gehen kann, ja mit einer Hingabe, die in Begeisterung übergeht und die Bezeichnung ›bloß‹ zeitweilig vollkommen aufhebt. Jedes Spiel kann jederzeit den Spielenden ganz in Beschlag nehmen. Der Gegensatz Spiel – Ernst bleibt stets schwebend.«[97] Ein schwebender Zustand ist im Prinzip nichts anderes als der Hinweis darauf, dass unsere üblichen Begriffe und Kategorien nicht ausreichen. Fitzeks aufwendige Erläuterungen seiner eigenen Thronbesteigung jedenfalls werden – in einem ersten Schritt gewissermaßen – als jene ernsthafte Geste des Kindes lesbar, das den vernünftigen wie unvorsichtigen Vater darum bittet, den Zauber des Spiels nicht zu gefährden. Wer sich ohne die Einordnungen des Königs das Video des

---

96 Arne Vogelgesang, 36C3 – Let's play Infokrieg, 2019, https://www.youtube.com/watch?v=8A9ZoC7hyoY [16.11.2023], Min. 11.
97 Huizinga, Homo ludens, S. 16 f.

Festaktes anschaut, läuft Gefahr, die Magie zu verpassen und nur ein wahrlich schlecht aufgeführtes Laientheater zu sehen.

Die Analogie zum Kinderspiel könnte allerdings eine falsche Spur legen. Es geht nicht darum, Fitzek und sein Gefolge einfach für infantil und albern zu erklären. Die komplexen Beziehungen zwischen Spielformen und Wirklichkeit kennen wir auch aus der seriösen Welt der Erwachsenen. Von Fußballfans war schon die Rede, die als Zuschauer:innen eine Art Spiel um das Spiel erschaffen und dieses dann beherzt ernst nehmen. »Dynamo, das Leben, das wir gewählt haben« hing als Spruchband im K-Block von Dresden. Bedeutet: Das Spiel ist unsere Wirklichkeit – und damit eigentlich kein Spiel mehr. Auch der Ku-Klux-Klan offenbarte als frühe Form eines Live-Rollenspiels dessen Vorzüge. Einerseits erlaubt es das Maskenspiel, die radikale Rolle von der moderaten Person zu trennen oder die radikale Person von der moderaten Rolle. Mit Erving Goffmans »Wir spielen alle Theater« haben wir gelernt,[98] dass die Frage nach der eigentlichen Person hinter den Rollen oder Masken falsch gestellt ist. Andererseits ist das Verspielte oder Theatrale wie ein Rückzugsort, wenn die Dinge zu heiß geworden sind: Alles nur Spiel und damit Spaß.

Die Verwirrungen oder Verwicklungen zwischen Spiel und wirklicher Welt lassen sich auch aus der anderen Richtung beschauen, also von Dingen her, die für eher ernsthaft gehalten werden.[99] Die schon erwähnte Krönung Charles III. bedient sich der gleichen mystischen Muster wie jene von Fitzek. Auch in diesem Fall sind die Kommentator:innen, aber niemals der König selbst, damit beschäftigt, die Bedeutung der einzelnen Schritte und Gegenstände zu erläutern. Was Derrida in »Gesetzeskraft« den »mystischen Grund der Autorität« nennt,[100] ließ sich in der Westminster Abbey praktisch beobachten: Der Anschein des Übernatürlichen und Ursprünglichen soll für Strukturen wirksam werden, die historisch und damit politisch, also im Wortsinn grundlos sind. Die auch von Fitzek unablässig betonte Bedeutung von Rechtssicherheit wird einer unstrittigen und damit unpolitischen Eigentlichkeit der Geschichte und des Ursprungs entnommen. Das Unwirkliche eines Spiels soll ins Wirkliche, ins Reale überführt werden. Das überaus harte Vorgehen der britischen Polizei gegen Kritiker:innen der Krone und der Zeremonie zeigt schließlich die Unsicherheit einer Monarchie im 21. Jahrhundert, die fürchtet, als bloßes

---

98 Erving Goffman, Wir alle spielen Theater. Die Selbstdarstellung im Alltag, Frankfurt am Main 2009.
99 Allgemeiner betrachtet sind beide Welten immer schon eng verflochten, wie wir unten diskutieren werden (▶ Kap. 2).
100 Jacques Derrida, Gesetzeskraft. Der »mystische Grund der Autorität«, Frankfurt am Main 1991.

Maskenspiel überführt zu werden. Die Autorität muss die Spielverderber:innen aussortieren, damit der Zauber nicht verlorengeht. Und die Royalist:innen agieren mit einem Ernst, der sich vermutlich am besten mit Huizingas heiliger Version davon umschreiben lässt. Eigentlich sind Kaiser und Könige immer schon nackt gewesen.

Halten wir zwei Dinge fest: Spiele können erstens überaus ernsthaft sein, ernster als die wirkliche Welt. Jene wirkliche Welt ist bisweilen verspielt, spielerisch oder lässt sich recht präzise mit Konturen des Spiels beschreiben. Hier kreuzen sich ein philosophischer oder erkenntnistheoretischer Begriff des Spiels mit einer sozialen Praxis. Beide treffen sich dort, wo der Form nach spielerische Abläufe Welten (die britische Krone) oder »andere Welten« (Fitzeks Königreich) ins Leben rufen.[101] Zweitens lässt neben einer verspielten Ernsthaftigkeit oder einer ernsthaften Verspieltheit vor allem das LARP günstige Dopplungen zu und es eröffnet Rückzugsräume. Zwischen Person und Rolle lässt es sich ähnlich gut oszillieren wie zwischen Spaß und Ernst.

Sidney Powell, eine ehemalige Anwältin von Trump, wurde von Dominion Voting (ein Hersteller von Wahlmaschinen) wegen ihrer Lügen auf mehrere Milliarden US-Dollar Schadenersatz verklagt. Zu ihrer Verteidigung sagten ihre Anwälte: »Reasonable people would not accept such statements as facts.«[102] Anders formuliert: Das war doch alles nur ein Spiel, eine für zurechnungsfähige Menschen erkennbare Rolle und nicht ernsthaft, daher sei ihr juristisch nichts vorzuwerfen. Geholfen hat ihr dieses Manöver vor Gericht nicht. Vielleicht haben wir es in vielen politischen Milieus eher mit Rollenspielen zu tun, hinter denen die altbewährte Einstellungsforschung fälschlich nach stabilen und dauerhaften Einstellungen sucht.

Bleibt die Frage, was Spiele und Spielformen so attraktiv macht. Eine simple Erklärung wäre, dass spielen Spaß macht. Wobei der Begriff Spaß irreführend sein kann, ist er doch nicht zuletzt mit Freude und Lachen verbunden. Wer allerdings Spielende aller Art vom Schachbrett über Computer bis ins immer wieder vielsagende Stadion beobachtet, sieht Anspannung und Verbissenheit. Wir müssen also den Spaßbegriff vielgestaltiger interpretieren, Spaß gewissermaßen als mittelbar verstehen. Oder wir sprechen schlicht von intensiven Affekten und Emotionen, um diesem Missverständnis auszuweichen.

Wie bedeutend diese Affekte und Emotionen für Politik und Gesellschaft sind, ist länger schon Thema sozialwissenschaftlicher Forschung. Unter dem

---

101 Nietzsche, Sämtliche Werke 1, S. 831.
102 Aaron Blake, Sidney Powell: ›Perhaps‹ the Kraken wasn't real after all, Washington Post, 2022, https://www.washingtonpost.com/politics/2022/02/08/sidney-powells-legal-team-perhaps-kraken-wasnt-real-after-all/ [4.1.2023].

Begriff Affective Turn versammeln sich Versuche oder Interpretationen, Gefühlswelten nicht länger als schlichte Privatsache zu deuten. Affekte als spontane Gefühlsregungen und Emotionen, die in Kategorien überführten Affekte, sind wesentlich gesellschaftlich.[103] Und sie sind von Bedeutung. Vergleichsweise berühmte Titel wie »Affective Economies« oder »Liebe in Zeiten des Kapitalismus« deuten die Blickrichtung an: Gesellschaftliche Verhältnisse prägen selbst spontane Affekte und schreiben sich tief in Emotionsbestände ein.[104]

Synchron dazu hat die politische Wirklichkeit Affekte und Emotionen als Modus der Politik an die Oberfläche gespült. Während noch in den 1990er und frühen 2000er Jahren viel von Politikverdrossenheit und Expertokratie die Rede war, haben mittlerweile gefühlte Wahrheiten, gefühlte Sicherheit und alternative Fakten das Ruder übernommen.[105] Spätestens mit dem Trumpismus ist die sogenannte Affektpolitik in aller Munde.[106] Auch wenn das eine das andere nicht einfach abgelöst, sondern eher überlagert hat, auch wenn also kapitalistische Interessen wahrlich nicht verschwunden sind, sind Affekte und Gefühle im Kontext von Politik und Gesellschaft dennoch ziemlich prominent. Mit ihnen lassen sich Mehrheiten herstellen, selbst wenn die faktische Politik den Interessen der Wählerschaft zuwiderläuft. Die eingangs erwähnten Beispiele für den grassierenden Unsinn ließen sich alle auch im Modus der Affektpolitik deuten. Was sachlich keinen Sinn ergibt, bespielt dennoch Emotionen, weckt Sympathie oder Antipathie. Die emotionale Ansprache übertönt den sachlichen Widersinn. Um zum Spiel zurückzukehren: Affektpolitik besteht, wenn man es so drehen will, aus Spielen, deren vorrangiges Ziel es ist, Affekte und Emotionen zu triggern.

Mau, Lux und Westheuser schreiben in ihrer Studie »Triggerpunkte«, dass es zwar ein weit verbreitetes diffuses Unbehagen angesichts der massiven

---

103 Patricia Ticineto Clough/Jean Halley (Hrsg.), The Affective Turn: Theorizing the Social, Duke 2007.
104 Ahmed, Affective Economies; Eva Illouz, Gefühle in Zeiten des Kapitalismus. Frankfurter Adorno-Vorlesungen 2004, Berlin 2023. Die Frage, wie überformt oder autonom Affekte sind, ist allerdings umstritten. Während Sara Ahmed ihre gesellschaftliche Formung argumentiert, beharrt Brian Massumi auf ihrer Autonomie und erhebt sie in der Tradition von Gilles Deleuze zum genuinen Widerstandspotenzial (Brian Massumi, The Autonomy of Affect, in: Cultural Critique 31 (1995), S. 83–109).
105 Kumkar, Alternative Fakten; Ortwin Renn, Gefühlte Wahrheiten: Orientierung in Zeiten postfaktischer Verunsicherung, Leverkusen 2019.
106 Dominik Maeder/Herbert Schwaab/Stephan Trinkaus/Anne Ulrich/Tanja Weber (Hrsg.), Trump und das Fernsehen: Medien, Realität, Affekt, Politik, Köln 2020; Renn, Gefühlte Wahrheiten.

sozialen Ungleichheit in Deutschland gibt, die vielen Problemen zugrunde liegt, nur thematisiert werde sie kaum. Stattdessen werden Migration, Klima oder das Gendern heiß diskutiert. Polarisierende Themen triggern, stacheln auf, ermöglichen Distinktionsgewinne und affektive Bindungen.

> Berufspendler, die Klimaproteste mit Kopfschütteln betrachten – für sie wirft sich die AfD gern in die Bresche und so weiter. Trigger sind die Verkaufsschlager der Polarisierungsunternehmer, mit ihnen füttern sie in einem volatilen und teils stark entideologisierten Umfeld Unterstützergruppen an.[107]

Wie Wegelagernde warten Rechtspopulist:innen darauf, Erregungszustände als »politische Schwungmasse« zu nutzen, Aufreger in ihr politisches Portfolio einzubinden und so das hohe Affizierungspotenzial der Triggerthemen für sich zu nutzen.[108] Affektpolitik ist also ein »Politikmodus [...], der versucht, den Gefühlshaushalt von Wählerschaften aktiv zu regulieren, etwa über emotionalisierte Botschaften, Personalisierung und die Mobilisierung politischer Leidenschaften.«[109] Dies wiederum trifft auf ein weitestgehend digitalisiertes Mediensystem, das emotional aufgeladene Triggerthemen und eher kurzlebige Skandale beständig aufgreift und in den Feeds nach oben spült, was wiederum eine darauf reagierende Politik im »Flackermodus« antreibt.[110] Anton Jäger, auf den die Autoren verweisen, nennt dies eine strukturell ausgehöhlte »Hyperpolitik«,[111] die kaum noch kollektive Organisation kennt, dafür aber ein hohes Maß an politisierter Kommunikation.

Affektpolitik und Spiel sind nicht weit auseinander. Beide führen zu einer Praxis, in der Menschen »genussvoll gegen die eigenen Interessen handeln«, wie es Vogelgesang mit Blick auf Gamification als Herrschaftstechnik formuliert.[112] Wenn Affekte und Emotionen eine so bedeutende Rolle in der politischen Gegenwart spielen, dann liegt es dementsprechend nahe, das Spiel – jenseits der Spieltheorie – als soziale Praxis zum analytischen Tool umzufunktionieren. Was den Gegensatz von Ernst und Spaß unterläuft und übermäßig heilig-ernste Emotionen ins Unernste einschreibt, dürfte nicht weit

---

107 Mau/Lux/Westheuser, Triggerpunkte, S. 377.
108 Ebenda, S. 376.
109 Ebenda, S. 373.
110 Ebenda, S. 374.
111 Anton Jäger, Hyperpolitik. Extreme Politisierung ohne politische Folgen, Berlin 2023.
112 Vogelgesang, 36C3 – Let's play Infokrieg, Min. 5. Sicher, die Unterscheidung von richtigen und falschen Interessen ist problematisch, weil zu einfach und paternalistisch. Ganz abwegig ist sie allerdings auch nicht, und im Fokus steht die Rolle des Spiels als Modus der politischen Affizierung. Siehe Gilles Deleuze/Félix Guattari, Anti-Oedipus. Kapitalismus und Schizophrenie 1, Frankfurt am Main 1988, S. 39.

vom Zentrum jener Affektpolitik entfernt sein. Sie operiert gewissermaßen im Modus des Spiels, erschafft Wirklichkeiten jenseits des Realen und bewirtschaftet Emotionen. Sie lässt sich vielleicht besser verstehen, wenn sie mit entsprechenden Begriffen seziert wird, und vielleicht eröffnen sich andere Perspektiven, wie ihr zu begegnen sein könnte.

Der soziale Modus des Spiels hat noch einen weiteren Vorzug. Seine integrative Kraft stiftet Gemeinschaft oder zumindest ein Gefühl davon. Dieser Zusammenhang ist zunächst so offenkundig wie jener zwischen Spiel und Emotion. Jedes halbwegs erfolgreiche Spiel hat seine Community, seine Fangemeinde. Das Spiel evoziert Verbundenheit und Nähe entlang vermeintlich geteilter Werte, geteilten Wissens und akuter oder für alle zumindest bekannter Emotionen. So wie die Affekte und Emotionen des Spiels die Kraft haben, die sachliche Nüchternheit des Wirklichen in den Schatten zu stellen oder sie zu überlagern, so kann die Spielgemeinschaft die Unübersichtlichkeit und Kälte moderner Gesellschaft mit einer Imagination von Identität und Nähe kontern. So lange das Spiel unwirklich bleibt und sich nicht anmaßt, ins Reale einzugreifen und kein Spiel mehr zu sein, ist das unproblematisch. Das Spiel bliebe das Andere des Alltags. Das LARP der Reichsbürger:innen allerdings ist eine Spielgemeinschaft, wenn auch eine sehr ernste, die von sich behauptet, das Spiel sei Wirklichkeit – und das schon seit dem letzten deutschen Kaiser. Die Affektpolitik zielt auf eine Gemeinschaft, die sich im Spiel imaginieren lässt.

Der Gegensatz von Gemeinschaft und Gesellschaft hat einige Brisanz. Nicht zufällig ist er ein klassisches Thema der Sozialwissenschaften. Während Gesellschaft als Begriff und Tatsache Komplexität, Unübersichtlichkeit und permanente Aushandlung von unterschiedlichen Interessen mitliefert, verspricht Gemeinschaft Identität, Nähe und Einverständnis. Die klassische rechte Vorstellung einer Volksgemeinschaft, die – um vorzugreifen – mindestens im Reichsbürgerspiel wiederkehrt, nutzt diese Differenz und bewirtschaftet das Phantasma einer homogenen und selbstidentischen Gemeinschaft. Irgendwann, so die auf Affekte zielende Ansprache reaktionärer Kräfte, kommen alle inneren Konflikte zum Erliegen, genau dann, wenn die Wirren des Gesellschaftlichen überwunden sein werden. Was im Wirklichen unerreichbar ist, lässt sich im heilig-ernsten Spiel als zweite Realität und Gefühl realisieren.

Helmuth Plessner argumentiert bereits in den 1920er Jahren, dass radikale Gemeinschaften eine Art »Gegengift« zur Moderne sein wollen, indem sie etwa der Auflösung der »patriarchalischen Lebensordnung« oder einer »Revolutionierung der Stände« mit einem »radikalen Irrationalismus« einer idealisierten vergangenen Gemeinschaft begegnen. Das heimelige Bild einer homogenen Gruppe, die es einst gegeben haben soll, ist ein Phantasma, weil es diesen historischen Moment der ungespaltenen Identität mit der Gruppe nie gab. Dieses im Spiel revitalisierte Trugbild ermöglicht einerseits eine Reaktion auf die sich verflüssigenden gesellschaftlichen Verhältnisse (die allerdings nie wirklich stabil waren). Andererseits tragen sie eine Rebellion gegen eine rationale oder wissenschaftlich fundierte und oft eindeutige Weltsicht.[113] Die vom Königreich Deutschland betriebenen und beworbenen »Gemeinwohldörfer«, die Austausch und Gemeinschaft ermöglichen sollen, greifen jene Sehnsucht auf. In einem professionell wirkenden Werbevideo für das Dorfprojekt Bärwalde wirkt der Ort wie eine Öko-Kommune.[114] Die Anwesenden loben die Möglichkeit des ganz analogen gemeinsamen Anpackens und Ausprobierens. Und sie formulieren Ängste, was die zerfallende und von Krisen belastete Außenwelt angeht. Im Dorf lässt man sich von einer gemeinschaftlichen Eigentlichkeit verzaubern.

Plessners Interpretation, die sich aus einer philosophischen Anthropologie speist, findet sich auch in aktuellen Praktiken alltäglicher Rebellionen gegen die sogenannte Mainstream-Gesellschaft. Oliver Nachtwey und Carolin Amlinger schreiben in Bezug auf die Querdenken-Bewegung:

> Im Misstrauen lässt sich die gesellschaftliche Abhängigkeit erfolgreich leugnen; stattdessen sammelt man Gegenexpertise und befasst sich mit praktischen Fragen des widerständigen Daseins. Man richtet sich in Gegengemeinschaften ein, etwa in Gesundheitsverbünden und Datingplattformen für Ungeimpfte. Es ist die Sehnsucht nach einer »warmen Gemeinschaft« gegenüber der »kalten Gesellschaft«. In solchen Gemeinschaften kann schließlich eine alternative Realität erzeugt und aufrechterhalten werden.[115]

Gemeinschaft und Affekt gehören unmittelbar zusammen: »[Es] braucht, um Gemeinschaft zu sein«, schreibt Plessner in kritischer Absicht,

> die einheitliche Durchblutung der Individuen. Kommt sie nicht aus der Geburt, so muß der einzelne in die Gemeinschaft nach bestimmtem Zeremoniell aufgenommen sein. Es soll dadurch die Person sozusagen mit Haut und Haaren, existentiell, nicht nur auf Treu und Glauben, in die Bindung eines überpersönlichen Lebens übergehen. [...] Es versteht sich also von selbst, daß Gemeinschaft darum Affektwerte höchsten Grades einschließt.

---

113 Helmuth Plessner, Grenzen der Gemeinschaft. Eine Kritik des sozialen Radikalismus, Frankfurt am Main 2002, S. 17.
114 Königreich Deutschland, Erstes Dorfprojekt: Bärwalde – Dein Gemeinwohlstaat, 2018, https://koenigreichdeutschland.org/de/gemeinwohldorf-baerwalde-sachsen.html [19.1.2024].
115 Amlinger/Nachtwey, Gekränkte Freiheit, S. 289.

> [...] Schon die zeremoniös bekräftigte Exklusivität, noch ohne Rücksicht auf besonderen Inhalt des Bundes, schafft aus dem gewöhnlichen ein besonderes Lebensgefühl.[116]

Und im Spiel als sozialer Praxis läuft alles zusammen: die Emotionen, die Gemeinschaft und die alternativen Realitäten, die gleich zur Sprache kommen werden.

Wie bereits erwähnt, verstehen sich die Reichsbürger:innen als Gemeinschaft in Opposition zur Gesellschaft. Die Dopplung aus sachlicher Eingebundenheit in gesellschaftliche Verhältnisse und emotionaler Bindung an eine gespielte Gemeinschaft ermöglicht jene nachvollziehbare, aber falsche Haltung, sie als albernen Maskenball für unbedeutend und die Aufregung für linken Alarmismus zu erklären, wie es Fleischhauer vorgemacht hat.[117] Eine Szene aus Monty Phytons »Das Leben des Brian« (1979) karikiert diese Dopplung auf amüsante Weise. Bei einer rebellischen Untergrundversammlung heißt es: »Mal abgesehen von der Medizin, den sanitären Einrichtungen, dem Schulwesen, Wein, der öffentlichen Ordnung, der Bewässerung, Straßen, der Wasseraufbereitung und der allgemeinen Krankenkassen, was, frage ich euch, haben die Römer je für uns getan?«

Die spielerischen Gemeinschaften der Reichsbürger:innen sind schließlich eine Art »Retrotopie« im Sinne Zygmund Baumans.[118] Ihre Phantasie ist die eines Zurück zur guten alten Zeit, einer als homogen imaginierten, ständisch geordneten Gemeinschaft jenseits missliebiger Unübersichtlichkeit. Bauman sieht einen paradoxen Trend zur Verneinung von Zukunft. Der Blick schweift stattdessen romantisch in die Vergangenheit und sieht dort eine Art Utopie mit Vorzeichenfehler: »Visionen, die sich anders als ihre Vorläufer nicht mehr aus einer noch ausstehenden und deshalb inexistenten Zukunft speisen, sondern aus der verlorenen/geraubten/verwaisten, jedenfalls untoten Vergangenheit.«[119]

Analoge LARPs mit ihren Spielgemeinschaften vom Ku-Klux-Klan bis hin zum Königreich Deutschland haben also affektive Kräfte und sind Varianten karnevalesker Retrotopien. Ihrer komischen Anmutung wohnt zudem ein strategisches Potenzial inne: einerseits weil Gesellschaft und Politik rätseln, wie ernst sie dieses Theater nehmen müssen, und andererseits weil sich die Beteiligten, wenn das sinnvoll oder nötig erscheint, auf den vermeintlich unernsten und harmlosen Charakter des Spiels zurückziehen können. Aus der Perspektive einer Theorie des Spiels ist die Frage »Ernst oder Spiel?« aller-

---

116 Plessner, Grenzen der Gemeinschaft, S. 45.
117 Fleischhauer, »Reichsbürger«-Razzien.
118 Zygmunt Bauman, Retrotopia, Berlin 2017.
119 Ebenda, S. 13.

1.3 Ernsthafter Spaß, spaßiger Ernst und Spielgemeinschaften

dings falsch gestellt. Die soziale Praxis des Spiels führt zwangsläufig zur erkenntnistheoretischen oder philosophischen Perspektive zurück. Reichsbürger:innen als Teil eines Spiels zu deuten, heißt auch, den Gegensatz von Ernst und Spaß zu dekonstruieren. Die vermeintlichen Antonyme sind enger verflochten, als es scheint. Die Wirklichkeit liefert viele Beispiele für die Gleichzeitigkeit beider oder für Praktiken und Haltungen, die sich im Zwischenraum von Ernst und Spaß befinden. Auch wenn das Gegensatzpaar an Grenzen kommt, können wir es nicht fallen lassen, weil uns die Überlieferung, wie es Derrida nennt,[120] also die historisch vermittelte Ordnung des Wissens, keine Wahl lässt. Wir haben keine anderen Begriffe. Die Sprache kommt an ihre Grenzen. Nur umständliche Formulierungen wie verspielter oder heiliger Ernst und ernsthafter Spaß bleiben, die selbst keine Wortspiele sein wollen.

Die Widerstände, die eine Deutung der Phänomene Reichsbürger:innen oder Ku-Klux-Klan als Spielformen provozieren, verdeutlichen die Schwierigkeiten einer solchen dekonstruktiven Operation. Wer beide als LARP auffasst, wird sich anhören müssen, sie zu verharmlosen. So eindrücklich die Beispiele – ob politisch aufgeladen oder nicht – auch sein mögen, die überlieferte Ordnung des Wissens sucht verzweifelt nach einer Entscheidung: Entweder spaßig und gespielt oder ernst und wirklich. Normativ dürfte diese Suche nach Klarheit richtig und sogar unvermeidlich sein, analytisch greift sie zu kurz. In jenem Zwischenraum, den das Spiel gewährt, lässt sich beides zugleich haben.

Diese vom Spiel ausgehende Deutung will sich allerdings nicht über klassische soziologische Erklärungen erheben. Sie stellt sich vielmehr daneben, getragen von der Hoffnung, den im Reichsbürgerkontext fast greifbaren Unsinn genauer zu verstehen. Was von außen wie Unsinn (oder Bullshit) aussieht, ergibt aus der Innenansicht des von Emotionen getriebenen Spiels durchaus Sinn. Ohne Zweifel sind die Motive vielfältig, warum sich jemand der Szene anschließt: Jobverlust, Lebenskrise und Ohnmachtsgefühl, vielleicht die Suche nach einem höheren Sinn. Rollenspiel und Mimikry könnten einen affektiven Sog auslösen, weil sie Spaß und Ernsthaftigkeit gleichzeitig erlauben. Fitzeks selbstbewusste Präsentation eines Autos, das angeblich mit Wasser fährt, wird aus diesem Blickwinkel als spielerisches Manöver lesbar. Es ist weder einfach ernst gemeint noch rein spaßig.

---

120 Derrida, Die Schrift und die Differenz, S. 427.

2 Weder Fiktion noch Wirklichkeit: QAnon, Hyperrealität und andere Realitäten

Das Spiel unterläuft also die Gegenüberstellung von Spaß und Ernst. Es kommt allerdings noch schlimmer. Auf den vorangegangenen Seiten war bereits von alternativen Realitäten oder von anderen Welten die Rede, die das Spiel zu erschaffen vermag. Nun sind die Verwicklungen von Fiktion und Wirklichkeit, mit denen auch das Spiel zu tun hat, keineswegs neu. »Wer erfindet, vergeht sich gegen die Geschichtsschreibung; wer dies nicht tut, vergeht sich gegen die Dichtkunst.«[121] Mit diesem Satz eröffnet Reinhart Koselleck seine Ausführungen zu einer »zweitausend Jahre alten Toposgeschichte. [...] Freilich lassen sich die verschlungenen Wege der rhetorischen Verhältnisbestimmung zwischen Historie und Dichtung«, oder allgemeiner formuliert: zwischen Fakten und Fiktionen, »nicht auf ein so griffiges Wortpaar reduzieren. [...] Denn die Wirklichkeit der Ereignisse und Taten kann nicht die gleiche sein wie die Wirklichkeit von fingierten Handlungen.«[122] Spiele sind oft genau das: fingierte Handlungen. »Und der Schein kann vom Trug über die Wahrscheinlichkeit bis zum Widerschein des Wahren reichen.«[123] Dichtung und Historie, Fiktion und Wirklichkeit stehen also lange schon zur Verhandlung. Wie viel unvermeidliche dichterische Erzählung ist für die Geschichtsschreibung und politische Gegenwartsdiagnosen angemessen und wie viel Historie oder Wirklichkeitsbezug brauchen Lyrik oder Prosa, um Wirkung zu erzielen?

Gegenwärtig verschieben sich die Dinge jedoch. Während jene altehrwürdige Verhältnisbestimmung, von der Koselleck spricht, einen substanziellen Unterschied von Fiktion und Wirklichkeit voraussetzt, der dann auf vielfältigen Wegen verhandelt werden kann, scheint sich dieser Gegensatz in der digitalen Spätmoderne mehr und mehr aufzulösen. Mittlerweile ist die Wirklichkeit der Ereignisse und Taten häufig nicht weniger relevant als jene

---

121 Koselleck, Vergangene Zukunft, S. 278.
122 Koselleck stellt »res factae« und »res fictae« nebeneinander, also Fakten und Fiktionen, und merkt an, dass schon die Verdichtung auf eine Sache (res) eine unlautere Vereinfachung ist. Ergänzend dazu John Zammito, Koselleck's Philosophy of Historical Time(s) and the Practice of History, in: History and Theory 43/1 (2004), S. 124–135.
123 Koselleck, Vergangene Zukunft, S. 278.

fingierter Handlungen. »Im Gegensatz zum Geschichtsschreiber, der von oft zweifelhaften oder gar unwahrscheinlichen Fakten handeln« müsse, »sei der Dichter [...] ›Herr über die Geschichte‹.«[124] Ist der Trumpismus nicht genau jener Versuch, mit dreisten dichterischen Mitteln über die Geschichte zu herrschen, also abseits aller Tatsachen zu behaupten, was der Fall sei? Bekanntlich interessiert sich Trump genauso wenig wie seine Fans dafür, wie wahrheitsgetreu sein Gerede ist.

Nicht zufällig, so scheint es, prägte gerade seine Pressesprecherin Kellyanne Conway den Begriff »alternative Fakten«, der im Kern die Differenz von Dichtkunst und Geschichtsschreibung aufhebt. Wenn der alternative Fakt, dass Trumps Amtseinführung die größte aller Zeiten war, genauso gültig sein soll wie sein Gegenteil, dann sind Erfindung und Wirklichkeit nicht zu unterscheiden.[125] Erneut wird das Spiel als Theorie und soziale Praxis zusammen mit Jean Baudrillards Überlegungen zur *Hyperrealität* dabei helfen, diese »Implosion« eines immerzu umkämpften,[126] aber eigentlich unerlässlichen Gegensatzes genauer zu verstehen.

So vielgestaltig die Erscheinungsformen des Spiels auch sind, es ist (oder war) im Grunde Unterhändler zwischen Fiktion und Wirklichkeit. Der landläufige Begriff setzt genauso wie die Theorien zum Spiel den Unterschied beider unbedingt voraus. Es muss sich irgendwie von der Wirklichkeit abgrenzen, um Spiel zu sein. Allerdings sollten die vorangegangenen Seiten einen Riss oder eine Unklarheit in dieser Differenz, die Huizinga schon benennt, verdeutlicht haben. Was Spaß und Ernst zugleich sein kann, wie das LARP der Reichsbürger:innen, hat die Kraft, auch die Trennung von Fiktion und Wirklichkeit wenn nicht restlos aufzuheben (immerhin ist Fitzek nicht wirklich König von Deutschland), so doch zu irritieren oder auf Zeit zu suspendieren (denn vorübergehend und in bestimmten Kreisen ist Fitzek König).

Mit Alternate Reality Games (ARGs), den digital gestützten Varianten von LARPs, verschärfen sich die Dinge. Realität als Konzept kommt unter die Räder. Der Slogan dieser Spiele lautet TINAG, »This is not a game«, der mit dem Microsoft-ARG »The Beast« 2001 populär wurde.[127] An die TINA-These

---

124 Ebenda. Es handelt sich zunächst um eine Paraphrase und dann um ein Zitat von Gotthold Ephraim Lessing.
125 Das unterscheidet sie von Fake News, die zwar auch ein Problem sind, sich aber im Prinzip von wirklichen Nachrichten unterscheiden lassen. Fake News gehören also eher der Lüge als dem Unsinn an, obwohl sich beides durchaus überlappen kann.
126 Jean Baudrillard, Kool Killer oder der Aufstand der Zeichen, Berlin 1978, S. 75.
127 Interessanterweise kam dieses Spiel als Werbekampagne zum Film »AI – Artifical Intelligence« (2001) von Steven Spielberg heraus.

49

vom Ende der Geschichte[128] – »There is no alternative« – hat sich ein G gehängt, und aus der Alternativlosigkeit wurden alternative Realitäten, die kein Spiel sein wollen. Der weit verbreitete Verschwörungskomplex QAnon ist im Kern genau das: Ein Spiel, das vorgab und vorgibt, keines zu sein. Daher lohnt es sich, einen genaueren Blick auf QAnon und seinen Entstehungskontext als Spiel zu werfen, bevor wir die weitreichenden und über QAnon hinausgehenden Folgen einer Aufhebung des Unterschieds von Fiktion und Wirklichkeit diskutieren.

2.1 QAnon als Alternate Reality Game

Rückblende: 2001 veröffentlichte Electronic Arts (EA) das Computerspiel »Majestic«, gewissermaßen die Blaupause eines ganzen Genres. Auf radikale Weise versuchte das Spiel, die Grenze zwischen Fiktion und Wirklichkeit so weit wie möglich einzureißen. Allerdings ist der Begriff Computerspiel irreführend, weil Majestic von Beginn an aus dem Bildschirm sprang. Es wurde als CD verkauft, bedurfte aber eines monatlichen Abonnements, um spielbar zu sein. Damals ein Novum. Wer den Datenträger einlegte, musste zunächst einen ungewöhnlichen Fragebogen ausfüllen und unter anderem das Krankenhaus angeben, in dem man geboren wurde. Anschließend erschien folgende Nachricht: »Dear Majestic Player, Due to a fire at our Anim-x studios, we at Electronic Art are forced to suspend the online game MAJESTIC until further notice.«[129] Man arbeite mit Hochdruck an einer Lösung, Spieler:innen mögen zwischenzeitlich auf der Website portlandchronical.com nach aktuellen Entwicklungen schauen. Die Unterbrechung des Spiels gleich zu Beginn war sein Start. Auf der erwähnten Website war anschließend ein Fernsehbeitrag zugänglich, der live vor einem brennenden Haus vom erwähnten Brand berichtete, ganz im Stil tagesaktueller Nachrichten. Eine Person sei gestorben, vier würden vermisst, berichtete der fingierte Sender und stellte die Vermutung an, es könne sich um einen Versicherungsbetrug handeln. Mit dem Spiel »Majestic« habe sich die Entwicklerfirma hoch verschuldet, was einen Betrugsverdacht aufkommen ließ. Anschließend eröffnete sich eine langwierige und durchaus komplexe Schnitzeljagd mit Beiträgen in vollständig ge-

---

[128] Francis Fukuyama, The End of History? In: The National Interest 16 (1989), S. 3–18.
[129] NFL, The Forgotten ARG, 2019, https://www.youtube.com/watch?v=DKLLDJZmxl4 [21.1.2024].

fälschten Zeitungen, mit gefälschten Beiträgen in echten Zeitungen, einer Vielzahl an eigens eingerichteten Websites für Hintergrundinformationen, mit Faxnummern, dubiosen Stimmen an Telefonen und künstlichen Verzögerungen.

Das Spiel, das mit der Aufmachung »It plays you« daherkam, hatte sich größte Mühe gegeben, für real gehalten zu werden. Es folgte streng dem Motto »This is not a game« und baute darauf, dass Spielende assoziativ wie kreativ versteckten Hinweisen folgen würden. Für die Rahmenerzählung bedienten sich die Entwickler:innen freizügig aus dem üblichen Pool an Verschwörungsmythen. Eine Geheimregierung lenke im Hintergrund die Geschicke, das Entwicklerstudio sei dieser Erkenntnis bereits zu nahegekommen und musste brennen. Mit Geo-Trackern in Impfungen wurde ein Mythos bedient, der später zu Weltruhm gelangen sollte. Unter anderem mit der Area 51 und dem CIA-Projekt MK-Ultra wurden Dinge beigemischt, die zumindest als Namen der historischen Wirklichkeit angehören.

Nach den Terroranschlägen vom 11. September 2001 sah sich EA gezwungen, das Spiel vorläufig auszusetzen. Die Verwirrung, was noch Spiel und was reale Verschwörung ist (antisemitische Stereotype wie immer inklusive), hatte zu gut funktioniert. Im April 2002 schließlich wurde »Majestic« gänzlich eingestellt, weil nach der Unterbrechung die Zahl der Spielenden deutlich zu gering war. Letztlich ging das Spiel daran zugrunde, dass es – gemessen an den eigenen Zielen – zu gut war. Offenkundig hatten es die Entwickler:innen geschafft, die Verwirrung auf einen Punkt zu treiben, an dem ein Spielehersteller aussteigen muss. QAnon wird später dieses Problem nicht kennen, weil es keinen benenn- oder gar haftbaren Hersteller hat. »This is not a game« war von einer selbstironischen und mehrdeutigen Phrase zu einer gefühlten Tatsache mutiert.

»Majestic« war nicht das erste ARG. »Eastgate Systems« (1993) und »Wizards of the Coast« (1996) sind Vorläufer. Aber es war jenes Spiel, das mit Konsequenz und schlechtem Timing (in Bezug auf 9/11) für Aufsehen sorgte und das Genre, die Praxis von ARGs auffällig popularisierte. Zudem war es von der Anlage her den technischen Möglichkeiten der Zeit voraus. Ein Onlinepuzzle mit Teilen auf vielen verschiedenen Websites macht nur bedingt Spaß, wenn das Internet noch pro Minute kostet und mit den markanten Sounds eines Modems startet, das sich einwählt. Später machte »Cicada 3301« von sich Reden. Eine Gruppe dieses Namens kündigte 2012 auf dem Imageboard 4chan ein Rätsel an, das nur besonders schlaue Menschen zu lösen in der Lage seien. Logisches Denken und diverse Kenntnisse der Kryptographie seien nötig. Einige aus dieser Gruppe werden später daran mitwirken, das ARG

2 Weder Fiktion noch Wirklichkeit: QAnon, Hyperrealität und andere Realitäten

QAnon aus der Taufe zu heben.[130] 20 Jahre nach »Majestic« stürmen Tausende – angestachelt von Trump und der endlos wiederholten Behauptung, die US-Wahl 2020 sei manipuliert worden – gewalttätig das Kapitol in Washington D. C., um die Zertifizierung der Wahl und damit den Abschluss der »peaceful transition of power« zu blockieren. Viele sind verkleidet.[131] In der Menge an Symbolen, die an diesem Tag zur Schau getragen werden, sticht eines immer wieder heraus: Das große Q für QAnon, das gewissermaßen in der Tradition von »Majestic« steht und ebenfalls auf 4chan das Licht der Welt erblickte.

Wo und wann QAnon seinen Anfang nahm, ist schwer zu sagen.[132] Die ebenfalls vorrangig digitalen Auseinandersetzungen im Kontext der Gamergate-Kontroverse – einer schroffen Debatte innerhalb der Gamerszene um Sexismus und Frauenfeindlichkeit – liegen nicht nur zeitlich davor,[133] sondern liefern auch deutliche Hinweise, wie vor allem Rechte online agieren. Der Modus ist bekannt, die konkreten Konturen sind jedoch neu. Im Netz geben Leute vor, irgendjemand oder irgendetwas zu sein, und andere User:innen validieren mit der Zeit diese Rollen durch Interaktion. Ob gespielt oder ernsthaft, überzeugt oder ironisch, lässt sich nicht sagen. Die Maske des digitalen Pseudonyms hält die Dinge in der Schwebe. Der aus der wirklichen Welt bekannte Modus des Live-Rollenspiels ist ins Digitale gewandert. »Auf anonymen Imageboards«, erklärt Vogelgesang, »hat diese Form des Rollenspiels Tradition als ein soziales Unterhaltungsformat und ist eine Möglichkeit, den kollektiven Bezug zur politischen Realität zu gestalten. So kündigte im Juni 2016 ein User auf dem Imageboard 4chan an, als FBI-Mitarbeiter alle Fragen [...] wahrheitsgemäß zu beantworten.«[134] Das Board mutierte zum

---

130 Jessica Klein, How this obscure, blockchain-based site built a playground for QAnon to run rampant on, The Daily Dot, 2021, https://www.dailydot.com/debug/qanon-steemit/ [3.2.2024].

131 Vanessa Friedmann, Why Rioters Wear Costumes, New York Times, 2021, https://www.nytimes.com/2021/01/07/style/capitol-riot-tactics.html?smid=em-share [11.4.2024].

132 Zur Geschichte von QAnon siehe Mike Rothschild, The Storm Is Upon Us: How QAnon Became a Movement, Cult, and Conspiracy Theory of Everything, Brooklyn/London 2021. Dass es Abbild eines designten Spiels ist, berichtet der Spielentwickler Reed Berkowitz, QAnon resembles the games I design. But for believers, there is no winning., Washington Post, 2021, https://www.washingtonpost.com/outlook/qanon-game-plays-believers/2021/05/10/31d8ea46-928b-11eb-a74e-1f4cf89fd948_story.html [26.5.2023].

133 Simon Strick, Rechte Gefühle: Affekte und Strategien des digitalen Faschismus, Bielefeld 2021, S. 215–218.

134 Arne Vogelgesang, This Is Not A Game, 2020, https://media.ccc.de/v/rc3-11500-this_is_not_a_game_de [24.1.2024], Min. 12.

Rabbit Hole – popkulturell bekannt unter anderem aus dem Kinderbuch »Alice im Wunderland« von Lewis Carroll (1865) und dem Film »Matrix« (1999) – zum Einstieg in das weit verzweigte Netzwerk aus teils absichtlich platzierten und teils zufällig gefundenen oder imaginierten Hinweisen auf die große Verschwörung.[135] Der angebliche Informant berichtete über die korrupte US-Regierung, über die Verstrickung von Bill und Hillary Clinton in Menschenhandel und Kindesmissbrauch etc. Auf dem Board waren damals schon recht viele offenkundig Rechte unterwegs, die in einem ohnehin schon schmutzigen US-Wahlkampf weiter nach vermeintlich Belastendem suchten. Der anonyme FBI-Agent, für dessen Authentizität es keinen Beweis brauchte, gab geschwätzig Auskunft.

Weil dieses Rollenspiel gut funktionierte und viel Aufmerksamkeit generierte, ging es »sozusagen in Serie«.[136] Der Informant kehrte im Lauf des Jahres mehrfach zurück, um wieder Fragen aller Art dubios und assoziativ zu beantworten. Weitere Rollen gesellten sich hinzu: ein »HighlevelAnon, [...] CIA-Anon, White House Insider Anon«,[137] ein Mitarbeiter der Firma Blackwater, ein Polizist. Gefolgt von irgendjemandem »mit Zugriff auf Hotelüberwachungskameras, irgendjemandem aus dem Weißen Haus« usw.[138] Das Spiel der »Truther« begann, die immer weiter verborgene Wahrheiten, also die Wirklichkeit von Verschwörungen hinter der Oberfläche des Mainstreams, aus den Tiefen des Internets saugten. Aus der Vielfalt der Rollen und Positionen stachen jene heraus, die von Ritualmorden an Kindern sprachen – eine uralte antisemitische Legende. Sie wurden besonders oft angeschaut, geteilt und kommentiert. Fortan wurden Ähnlichkeiten in Abbildungen, gleiche Initialen und verräterische Akronyme gesammelt und von der Community weitergedreht. Die Verkettung zufälliger Ähnlichkeiten, die zu Beweisen vernäht wurden und werden, erinnert derweil stark an Spielformen wie Schnitzeljagd oder Breakout-Rooms.

Als das LARP in die zweite Runde ging, als der FBI-Mann wie angekündigt auf das Board zurückkehrte, war in der wirklichen Welt gerade der Skandal um Hillary Clintons Mails auf ihrem privaten Mailserver losgebrochen. Clinton hatte sich als Außenministerin nicht an die Regeln gehalten und relevante wie geheime Mails über einen eigenen und nicht ausreichend gesicherten Server

---

135 Lewis Carroll, Alice im Wunderland, München 2011.
136 Vogelgesang, This Is Not A Game, Min. 12.
137 Stephanie Beene/Katie Greer, A call to action for librarians: Countering conspiracy theories in the age of QAnon, in: The Journal of Academic Librarianship 47 (2021), https://doi.org/10.1016/j.acalib.2020.102292.
138 Vogelgesang, This Is Not A Game, Min. 12.

2 Weder Fiktion noch Wirklichkeit: QAnon, Hyperrealität und andere Realitäten

verschickt. Als neben Clinton auch der US-Demokrat Anthony Weiner in den Fokus des FBI geriet, der einer sexuellen Beziehung mit einer Minderjährigen beschuldigt und 2017 deswegen verurteilt wurde, schienen sich LARP und Wirklichkeit für geneigte User:innen nur noch schwer zu unterscheiden. Die von Russland gehackten und von WikiLeaks veröffentlichten Mails des US-Demokraten John Podesta lieferten den nächsten Anlass im Realen, das LARP zur Wirklichkeit umzudeuten. Ganz ähnlich wie bei »Majestic« lagen die Hinweise in den tausenden von Mails nicht offenkundig zutage. Es brauchte schon Phantasie und gewagte Kombinatorik, sonst wäre das Spiel zu einfach. Schließlich fand sich tief in den Mails die Verbindung von Podesta zur Künstlerin Marina Abramović, die schon vor längerer Zeit eine damals bei YouTube einsehbare Schweineblut-Performance mit dem Titel »Spirit Cooking« aufgeführt hatte. Als schließlich dieser Titel viel später als simple Einladung zum gemeinsamen Kochen erneut auftauchte, war den verschwörungsmythisch aufgeweckten Leuten einiges klar. Die Verbindungen waren offenkundig. Drei Tage vor der US-Wahl trendete #spiritcooking auf Twitter, tausende Bilder und Beiträge zu satanistischen Ritualen in der Demokratischen Partei, von denen jenseits der phantasievollen Behauptungen auf 4chan nichts auch nur im Ansatz in irgendwelchen geleakten Mails nachweisbar war, fluteten das Netz.

Kurze Zeit später übernahm der Begriff Pizzagate die noch vielgestaltige Skandalisierung erfundener Dinge. In den von WikiLeaks offengelegten Mails von Podesta war wiederholt von einer Pizzeria in Washington D. C. die Rede. Ein bekannter Ort, wo sich gern politische Vertreter:innen der Demokratischen Partei mit Leuten von außerhalb des politischen Washingtons trafen. Sicherlich befeuerte die plausible Vermutung die Phantasie, dass gerade dort hin und wieder Deals eingefädelt worden sein dürften. Das Restaurant jedenfalls provozierte oder besser: ermöglichte Assoziationen mit einer Serie älterer Memes mit Werbung für »cheese pizza«. Einige Detektiv:innen erkannten eine direkte Verbindung zu Kinderpornografie (child pornography), schließlich sind die Anfangsbuchstaben jeweils cp. Das eine wurde als Chiffre für das andere gedeutet. Cheesecake (was zwar nicht auf »cp« hinausläuft, aber immerhin »cheese« enthält) war zu allem Überfluss im 20. Jahrhundert ein Insidername für erotische Frauenfotografie, was die These vom Geheimcode stützte. Der Beginn einer unschlagbaren Indizienkette, die über Kochen, Essen, Pizza, Käsekuchen und Kunst mit Schweineblut zu weit verbreiteten satanistischen Ritualmorden an Kindern führte.

Was von ein paar Versatzstücken im Realen (die Mails von Clinton und Podesta, die Ermittlungen gegen Weiner) angestachelt wurde, entwickelte eine vielgestaltige Erzählung im Rahmen des digitalen LARPs, das eine phantasierte Wirklichkeit hinter der Oberfläche der im sogenannten Mainstream medial verbreiteten, aber nur vorgetäuschten Realität ins Leben rief. Ein ganzes Geheimvokabular, das die Verschwörer:innen angeblich benutzten, wurde »aufgedeckt«, also von irgendjemandem in den Foren ersonnen und von anderen weitergesponnen: »Hotdog = boy / pizza = girl / cheese = little girl / sauce = orgy / ice cream = male prostitute / walnut = person of color« usw.[139] Eine Pizzabestellung wird zur Ankündigung einer Orgie mit diversen illegalen Zutaten und die Demokratische Partei der USA zum satanistisch-perversen Zirkel. Was als Rollenspiel begann, hat mit ein paar eher angelehnten Ereignissen in der Wirklichkeit und viel assoziativer und projektiver Phantasie ein ganzes Panorama des Bösen erschaffen – mit Trump als Erlöser. »Eine Verschwörung«, schreibt Georg Seeßlen, »basiert auf der Herstellung einer Fiktion.«[140] Sie sei damit der Kunst verwandt. Irritierend ist jedenfalls, wie wild phantasiert die Brücken sind, wie aus offenkundigen Koinzidenzen ein Zusammenhang und eine Verschwörung größten Ausmaßes abgeleitet wurde. Was ließe sich nicht alles mit den Initialen cp in das Netz des Bösen einsortieren, um bei dieser Sequenz des LARPs zu bleiben? Schon hier wird deutlich, dass »Verschwörungsfantasie und Wahnsystem ab einer bestimmten Stufe der Entwicklung nicht mehr zu unterscheiden« sind.[141] Ihr Vermittler ist das Spiel.

Pizzagate ist aber noch nicht Q. Zwischendurch, genauer Ende 2016, wurde jenes Restaurant in der US-Hauptstadt, das bei US-Demokrat:innen beliebt war und Pizza anbot, von einem Mann mit Sturmgewehr überrannt. Er suchte vergebens nach unterirdischen Räumen, in denen die vielen Kinder gefangen

---

139 Ebenda, Min. 19.
140 Georg Seeßlen, Zwischen Thrill und Paranoia, bpb.de, 2021, https://www.bpb.de/shop/zeitschriften/apuz/verschwoerungstheorien-2021/339284/zwischen-thrill-und-paranoia/ [29.1.2024]. Allerdings ist eine Einschränkung wichtig. Die aktuelle Brisanz von wahrlich wirren Verschwörungsmythen bereitet erhebliche Probleme, wenn es um Dinge geht, die sich als tatsächliche Verschwörung beschreiben lassen. Sehr viele, aber nicht notwendigerweise alle Verschwörungen sind Fiktionen. Erschwerend kommt hinzu, dass das Narrativ Verschwörungsmythos bisweilen als Cover genutzt wird. Als 2023 die Notfallärzte ihr Schweigen brachen, die John F. Kennedy nach seiner Erschießung 1963 behandelten, taumelte die offizielle Darstellung vom Einzeltäter erneut; diesmal nur heftiger, weil die Quellen belastbarer sind. Der Verschwörungsmythos ist in diesem Fall also vielleicht keiner, siehe Jacquelynn Lueth, JFK's E. R. doctors share new assassination details, CBS News, 2023, https://www.cbsnews.com/news/jfk-assassination-john-f-kennedy-doctors/ [29.1.2024]. Problematisch ist daran vor allem, dass QAnons eine solche Wendung der Ereignisse als gefundenes Fressen werten dürften.
141 Seeßlen, Zwischen Thrill und Paranoia.

2 Weder Fiktion noch Wirklichkeit: QAnon, Hyperrealität und andere Realitäten

gehalten sein sollten. Das Gebäude hatte jedoch nicht einmal einen Keller. Aus einem assoziativen Spiel im Netz wurde bewaffnete Realität; erstaunlicherweise kam niemand zu Schaden. Vor allem die politische Rechte lernte aber einiges: »Mit den richtigen Fragmenten von Realität versorgt, kann eine engagierte Recherchecommunity [...] aus vielen Fiktionen und einem klaren Ziel eine Thrillergeschichte konstruieren, die in kurzer Zeit die politische Wirklichkeit beeinflussen kann.«[142]

2017 schließlich entstand die Figur Q. Wiederum verbanden sich vage Anlässe aus der wirklichen Welt mit der phantasievollen kollektiven Suche nach Hinweisen und Zusammenhängen, mit denen sich die zuvor schon zusammengeschraubte Erzählung einer bösen Verschwörung von Pädophilen und satanistischen Kindermörder:innen weiterspinnen ließ. Als eine Grand Jury begann, erste nichtöffentliche Vorladungen gegen Leute aus dem Umfeld von Trump wegen der russischen Einmischung in die Wahl von 2016 zu verschicken, deuteten dies gewiefte Interpret:innen auf 4chan um: »Die eigentlich gegen den Präsidenten gerichtete Untersuchung sei in Wirklichkeit eine verdeckte Operation, um endlich die korrupten Demokraten zur Rechenschaft zu ziehen. Eine Art LARP auf höchster Ebene der Regierung.«[143] Kurz darauf tauchte Q zum ersten Mal auf dem Board auf. Jemand, der behauptete, mit der Sicherheitsfreigabe Q-Clearence des Energieministeriums ausgestattet zu sein. Q sollte fortan alle Blicke auf sich ziehen und die Vorläufer wie Pizzagate aufsaugen. Q lieferte »enigmatic narrative elements« in prosaischem Stil, die mehr Fragen als Antworten lieferten, »thereby provoking participation and interpretation. According to the game narrative, ›Q‹ worked directly with US president Donald Trump in a battle against deep state Satan-worshipping paedophiles that had overtaken the government.«[144] Ab der ersten Jahreshälfte 2018 explodierte die Popularität des Boards und der Figur Q. Die Moderator:innen auf 4chan hatten das mit Q verbundene »große Erwachen« auf eine entsprechend große Bühne zu heben versucht, Influencer:innen bei YouTube, Twitter und auf anderen Social-Media-Kanälen und eine Reddit-Community inklusive. Das Mainstreaming des Spiels begann und war beängstigend erfolgreich.

Bei einer Demonstration in Berlin 2020, also eine ganze Weile später und recht weit weg von Washington, schreit ein Coronaleugner und QAnon-Anhänger in die Kamera von »Spiegel TV«: »Unicef holt die Kinder und bringt sie

---

142 Vogelgesang, This Is Not A Game, Min. 20.
143 Ebenda, Min. 26.
144 Hugh Davies, The Gamification of Conspiracy: QAnon as Alternate Reality Game, in: Acta Ludologica 5/1 (2022), S. 60–79, hier S. 70.

den Eliten.« Diese »essen die, quälen die, trinken das Blut, nachdem sie es vorher gequält haben. Lassen die Kinder gegeneinander kämpfen, der Verlierer wird gefressen. Warum wisst ihr davon nichts?«[145] Mittlerweile ist Q weltweit bekannt und hat sich zur Rahmenerzählung verschiedener, wenn nicht fast aller Verschwörungsmythen entwickelt. Das ist bizarr, allerdings überlagern sich entsprechende Erzählungen systematisch. Allen ist der immerzu antisemitische Glaube an geheime, elitäre Zirkel gemein, die verdeckt die Welt regieren. Aus Sicht der Verschwörungsgläubigen platzieren diese Zirkel halb versteckte Hinweise auf ihre geheime eigentliche Herrschaft (wie die Pyramide auf der Ein-Dollar-Note), um doch aufgespürt zu werden – auch wenn das nicht logisch erscheinen mag. Nichts ist, wie es scheint, nichts geschieht durch Zufall und alles hängt im Verschwörungsglauben bekanntlich mit allem zusammen.[146] Man müsse nur die Zeichen zu deuten lernen. Dies legt nahe, dass wenn nicht alles, so doch vieles bei einer Figur wie Q zusammenlaufen kann.

QAnon zirkuliert seither als Symbol für Zugehörigkeit zum Spiel, zum Kult, zum Kreis der Erleuchteten. Die zentrale Erzählung ist weiterhin jene überaus dramatische von unterirdischen Bunkern, in denen hunderttausende Kinder gefangen gehalten und gequält werden, aus schlichter satanistischer Bösartigkeit und um den vermeintlich lebensverlängernden Stoff namens Adrenochrom[147] aus dem Blut der Kinder zu gewinnen. Der Retter ist selbstredend Trump oder es sind andernorts Figuren, die es Trump gleichtun oder gleichtun wollen.

Aber Q hatte noch viel mehr zu erzählen. Nordkoreas Diktator sei eine von der CIA installierte Marionette; die Titanic sei damals aus verschiedenen

---

145 Spiegel TV, Die Verschwörungsfanatiker von QAnon, 2020, https://www.youtube.com/watch?v=9R5TvLCsN-E [24.1.2024], Min. 10.
146 Michael Butter, Verschwörungstheorien. Eine Einführung, bpb.de, 2021, https://www.bpb.de/shop/zeitschriften/apuz/verschwoerungstheorien-2021/339276/verschwoerungstheorien-eine-einfuehrung/ [18.3.2024].
147 Adrenochrom ist ein Stoffwechselprodukt von Adrenalin, das bereits in den 1960er Jahren zu unbegründetem Ruhm gelangte und einfach durch Oxidation zu gewinnen ist. Die Psychiater Abram Hofer und Humphry Osmond sprachen als Erste davon. Sie forschten zur Vermutung, LSD könnte eine Schizophrenie erklärende Modellpsychose sein (Robert Feustel, Grenzgänge. Kulturen des Rauschs seit der Renaissance, Paderborn 2013, S. 205 ff.), die dem LSD-Rausch verwandt sei. Sie nahmen an, der Stoff selbst habe eine starke halluzinogene Wirkung, was nicht stimmt. Seither zieht sich eine Spur von Adrenochrom-Bezügen durch die Popkultur (Hunter S. Thompson, Angst und Schrecken in Las Vegas, München 2005) bis zu jenen wirren Verschwörungsmythen um Q.

Gründen absichtlich versenkt worden; das Schulmassaker von Parkland (USA) 2018, bei dem 17 Menschen starben, sei eine Inszenierung mit Schauspieler:innen gewesen, um Argumente gegen Waffenbesitz zu liefern und das *First Amendment* zu kippen (die US-amerikanische Garantie für freien Waffenbesitz); die Illuminati würden noch immer im Verborgenen das Zepter schwingen, Angela Merkel sei mit Adolf Hitler verwandt und Covid-19 – selbstverständlich – existiere nicht, sei nicht gefährlich oder wurde absichtlich freigesetzt. Bisweilen fransten die Erzählungen aus oder sind widersprüchlich. Sicher sei nur, dass der »deep state«, der illegitime Staat im Staate, die Coronapandemie genutzt hätte, um seine Diktatur durchzusetzen. Als Q im Juni 2022 nach 18 Monaten Sendepause wieder auftrat (mittlerweile bei 8kun), lautete sein erster Post: »Shall we play a game once more?« Allerdings gibt es unter den Anons eine heiße Debatte, ob der neuerliche Drop vom selben Q stammt, ob es eine *psyop*, also eine »psychological operation« der politischen Gegner ist, ob Michael Flynn oder gar Wladimir Putin hinter den aktuellen Posts von Q steckt. Für einige Player:innen schließlich war das Datum des Posts vielsagend: Genau 1700 Tage nach dem ersten Auftreten von Q. Das Q ist der 17. Buchstabe im Alphabet.[148]

Nicht zufällig wird der Kult um Q hin und wieder als »fandom«, will heißen als Fankultur interpretiert. Für CarrieLynn D. Reinhard und ihre Kolleg:innen funktionierten die Q-Drops von Anfang an wie ein interaktives Spiel zur Einbindung eines Publikums.[149] Sie enthalten Lücken, die ihre Anhänger:innen einzeln oder gemeinsam entschlüsseln sollen. Durch diese Arbeit werden sie nach und nach zu Insider:innen, die sich mit geheimen oder schwer zu findenden Informationen ausgestattet glauben. Aus Fans werden, jedenfalls gefühlt, Akteur:innen. Mit solchen als »ARG-Marketingkampagnen« bezeichneten Produkten werden transmediale Erlebnisse geschaffen, die das Spiel attraktiv machen und die affektive Bindung stärken.[150] Hin und wieder wird das Ganze im Modus der Fanfiction zum Selbstläufer. Anons produzieren selbstständig Videos, Memes oder Blogbeiträge mit weitergesponnenen Theorien. Sie reichern das Q-Universum mit Content an. Anons geben sich zudem mit T-Shirts und Basecaps untereinander und nach außen zu erkennen. Berühmt ist auch der Slogan »Where we go one, we go all«, abgekürzt:

---

148 ADL, After 18-Month Hiatus, New QAnon Posts Surface, 2022, https://www.adl.org/resources/blog/after-18-month-hiatus-new-qanon-posts-surface [11.2.2024].
149 CarrieLynn D. Reinhard/David Stanley/Linda Howell, Fans of Q: The Stakes of QAnon's Functioning as Political Fandom, in: American Behavioral Scientist 66/8 (2022), SAGE, S. 1152–1172.
150 Ebenda, S. 1158.

WWG1WGA.[151] Abzüglich des Puppetmasters Q, der eine herausgehobene Rolle einnimmt, spielen viele aktiv mit und rezipieren nicht nur. Sie können und sie sollen sich selbst einwechseln. Politik wird zum Spiel.[152]

Der Umstand, dass sich das ganze Spiel digital entfaltet, macht es zudem deutlich einfacher, in Rollen zu tauchen und sie zu wechseln. Während Fitzek ein Reichsapfelimitat und den Nachbau eines Zepters braucht, um sich als sogenannter König von Deutschland Würde und Seriosität zu verleihen, reicht im Digitalen die Behauptung, jemand zu sein. Wer Stil und Tonlage beherrscht, wird von anderen User:innen bestätigt, ohne viel Aufwand. Selten war Mimikry leichter als in anonymen oder pseudonymen Foren oder auf Social-Media-Plattformen. »Unsichere epistemische Regeln« öffnen Räume für ein Spiel im Sinne des englischen *play*, also des freien Spiels.[153] Rollen oszillieren oder schweben, genauso wie der Status von Aussagen. So wie Qs Identität ungeklärt, aber wirkmächtig ist, bleibt offen, ob irgendjemand irgendetwas ernst oder ironisch, kritisch oder zustimmend, spielerisch oder sachlich meint, auch User:innen, die solche Posts lediglich liken oder teilen. Digitale Kommunikation provoziert systematische Unklarheiten, Spielräume, in denen die Unterscheidung von Spaß und Ernst undeutlich ist oder wo beides gleichzeitig gelten kann und in denen Leute in beliebige Rollen schlüpfen können.

Diese strukturell angelegte Offenheit oder Mehrdeutigkeit der Onlinekommunikation, die ein Spiel ermöglicht, nutzen auch hierzulande politische Akteur:innen, vorrangig jene aus der rechten Ecke. Beatrix von Storch (AfD), die wie viele ihrer Parteigenoss:innen zwischen faschistischer Radikalität und bürgerlich-konservativer Etikette wechselt, wurde 2016 mit der Aussage berühmt, sie sei auf der »Computermaus ausgerutscht« und habe aus Versehen einen Schießbefehl auf Geflüchtete befürwortet.[154]

Anfänglich waren bei QAnon viele Leute beteiligt, denen der Status als Fiktion klar gewesen sein muss.[155] Das dürfte teilweise auch heute noch gelten, schließlich ist die Vermutung nicht abwegig, dass manche Player die offenkundig erdachten und höchst assoziativen »Zusammenhänge« mit operativer

---

151 Ebenda, S. 1162.
152 Ebenda, S. 1166.
153 Norbert Paulo, Die Rationalität postfaktischen Denken, in: BEHEMOTH – A Journal on Civilisation 11/2 (2018), S. 55–73, hier S. 56.
154 Anna Kemper, Beatrix von Storch: Es war nur ein Mausrutscher, Die Zeit, 2016, https://www.zeit.de/zeit-magazin/leben/2016-02/beatrice-von-storch-maus-computer [17.2.2024].
155 Davies, The Gamification of Conspiracy, S. 70; Klein, The Daily Dot.

Distanz streuen, um ihre politische Agenda zu befeuern und im Modus der Affektpolitik Menschen zu manipulieren. Es muss nicht stimmen, solange es funktioniert. Eine solche Haltung ist im Kontext rechter Ideologien nicht neu. Zudem legen Interviews nahe, dass einige dem Kult mit einer gewissen Distanz folgen. Der US-amerikanische Journalist und Comedian Jordan Klepper hat beispielsweise über Jahre bei Trump-Rallyes mit Menschen gesprochen, häufig auch über Q. Die von Klepper geschickt herausgekitzelten Selbstwidersprüche stechen zwar hervor, allerdings werden hin und wieder Varianten verspielter Distanzierung erkennbar. Klepper spricht am Rand einer Rallye mit zwei weiblichen Trump-Fans (Mützen und T-Shirts verdeutlichen dies). »Two months bevor Covid started«, berichtet eine von beiden, »somebody put me on to QAnon. I believe some of it and I don't believe some of it. But I believe only so much can be a conspiracy. I think a lot of it is true.« Darauf Klepper: »Is there anything you can tell us, I don't know?« Darauf erklärt sie, dass JFK Junior, also der 1999 verstorbene Sohn des ebenfalls ermordeten US-Präsidenten John F. Kennedy, noch am Leben sei und bei allen Trump-Rallyes im Hintergrund agiere. Klepper wiederholt die Aussage mit erhobener Stimme und offenkundigem Erstaunen, aber ohne Spott. Er fragt, woher sie das wüssten. Beide Frauen scheinen etwas überrumpelt von der Wucht der eigenen Aussage, sie distanzieren sich und antworten: »From QAnon, yes«.[156] Eine von beiden schiebt die Aussage sogar physisch mit den Armen von sich. Ein doppeltes Spiel: Beide Frauen eignen sich aus der breitgefächerten Sammlung von Mythen und Legenden nur das an, was ihnen in den Kram passt. Dies ermöglicht maximale Flexibilität und hält die Option bereit, an diese oder jene Story in Wirklichkeit nie geglaubt zu haben. Droht der Umstand, auf irgendetwas festgelegt zu werden, was Klepper mit seiner Spiegelung der Aussage provoziert, dann ist alles nur wiedergegeben, nur zitiert. Ein verbaler, unkommentierter Retweet gewissermaßen. Trump turnte diese Haltung vor, als er in einem seiner berühmtesten Tweets vom 6. August 2012 schrieb: »An ›extremely credible source‹ has called my office and told me that @BarackObama's birth certificate is a fraud.«[157]

---

156 The Daily Show, Jordan Klepper vs. Trump Supporters: The Complete Collection, The Daily Social Distancing Show, 2020, https://www.youtube.com/watch?v=7OeeHz0uNdM [17.2.2024], Min. 45.
157 Siehe https://www.twitter.com/realDonaldTrump/status/232572505238433794 [15.3.2024].

2.2 Let's play Wirklichkeit: Hyperrealität

QAnon ist also zunächst ein LARP, das Affekte und Emotionen bewirtschaftet, genau wie das Reichsbürgertum den Unterschied von Spaß und Ernst unterläuft und den Spielenden alle Möglichkeiten offenlässt. Allerdings schraubt es gleichzeitig eine alternative Realität zusammen, was es auch zu einem Alternate Reality Game macht. Zwischen einem klassischen ARG wie »Majestic« und QAnon gibt es jedoch auffällige Unterschiede. Während das eine von einer Entwicklerfirma produziert wurde, während also unstrittig war, wer hinter dem Spiel steht, ist dies im Fall von Q unklar. Es ist ARG plus Rollenspiel oder umgekehrt. Anonyme User:innen (die »maker«) platzieren Hinweise und Verbindungen, die von anderen User:innen (den »playern« oder »bakern«, die verstreute Bestandteile zu einem Ganzen verbacken) zum Mythos zusammengesetzt werden. Der vielleicht bedeutendste Unterschied ist, dass »Majestic« mit Realität spielen wollte (den meisten Käufer:innen des Spiels dürfte sein fiktionaler Status zumindest anfänglich klar gewesen sein), während QAnon von Beginn an vorgab und bis heute behauptet, Realität zu sein. Dabei operiert es im Modus eines Spiels, ohne dies offen auszustellen, weil das den Zauber zunichtemachen würde.

Beide Phänomene unterlaufen also die Unterscheidung von Fiktion und Wirklichkeit aus unterschiedlichen Richtungen: Bei »Majestic« soll das Spiel wie die Realität sein, weshalb es Fragmente der Wirklichkeit einbindet, bei QAnon wird Realität zum Spiel. Das ARG als Modus ist zur politischen Praxis mutiert. »The aim is to provoke in the player a state of epistemological uncertainty in which reality itself falls into question. In this way, QAnon and ARGs both operate on the same affective register.«[158] QAnon ist also nicht die Ursache des Übels, sondern eher die Folge einer digitalisierten Medienlandschaft, mit der die Trennung von Spiel und Nichtspiel unscharf geworden ist. Stellen wir uns für einen Moment vor, »Majestic« – als, wenn man so will, klassisches ARG – käme dieser Tage auf den Markt und wir könnten es gegen Kaufpreis und monatliche Gebühr spielen. Vermutlich würde niemand verstehen, was das Ganze soll.

Diese Suspendierung der Realität ist allerdings erklärungsbedürftig. Schließlich hatten Spiele schon immer die Kraft, »andere Welten« zumindest vorübergehend ins Leben zu rufen. Und die wirkliche Welt stand ebenfalls immer wieder zur Disposition, vom Theater bis zum Kriegsspiel. Was ist also neu? Um die Differenz zu erhellen, helfen die theoretischen Versatzstücke

---

158 Davies, The Gamification of Conspiracy, S. 3.

Baudrillards, die auf den Begriff Hyperrealität hinauslaufen. Ein paar eher theoretische Absätze sind daher nötig, bevor wir zu QAnon zurückkehren.

Jean Baudrillard (1929–2007), wahlweise Philosoph, Soziologe oder Medientheoretiker, hatte bereits Mitte der 1970er Jahre mit seiner Theorie der Simulation vorweggenommen, was mit digitalen Medien zur vollen Blüte reift. Die Rede von alternativen Fakten wird als Simulation ebenso lesbar wie die spielerische Hervorbringung alternativer Realitäten.[159] Der Film »Matrix« (1999) popularisierte später die Vorstellung einer umfassenden Simulation auf geschickte, aber irreführende Weise. Baudrillards Diagnose lautete nicht, dass eine Art platonische Schattenwelt in einer dunklen Höhle (die Wüste des Realen aus dem Film) neben einer lichten Wirklichkeit außerhalb dieser existiere. Vielmehr ist die Gegenwart von einer Ununterscheidbarkeit zwischen Medium und Wirklichkeit geprägt. Das mediale Ereignis absorbiert die Wirklichkeit. Zum Sinnbild dessen wurde in Baudrillards Auslegung der Zweite Golfkrieg 1991,[160] von dem er provokativ behauptete, er habe »nicht stattgefunden«. Für die globale Öffentlichkeit handelte es sich nur und ausschließlich um eine mediale Veranstaltung, die einem Computerspiel späterer Generationen glich. Gefilmte Perspektiven von Pilot:innen und Kameras auf Raketenspitzen produzierten gewissermaßen saubere Bilder und vermittelten den Eindruck einer unblutigen Operation. Der Krieg hatte das Format einer Realityshow, die allerdings mehr mit einer Maskerade als mit Realität zu tun hatte.[161] »Was wir über unsere Gesellschaft, ja über die Welt, in der wir leben, wissen«, schreibt Niklas Luhmann passend, »wissen wir durch die Massenmedien.«[162] Und Wolfgang Welsch fügt hinzu,

> dass nicht nur unser Wissen medial bestimmt ist, sondern dass die Wirklichkeit selbst medial und elektronisch infiltriert und gesteuert ist. Das gilt in der Tat nicht nur für die heutigen Arbeitslosen- oder Coronazahlen, die man glauben oder bezweifeln mag, sondern zunehmend auch für einst völlig unveränderliche Faktoren, etwa für das Genom unserer Kinder und Enkelkinder. Die Hardware von einst ist im Zeitalter des genetic engineering zur Software, ist technisch manipulierbar geworden.[163]

---

159 In diese Richtung argumentieren auch Vincent F. Hendricks/Mads Vestergaard, Postfaktisch: Die neue Wirklichkeit in Zeiten von Bullshit, Fake News und Verschwörungstheorien, München 2018, S. 73.
160 Jean Baudrillard, The Gulf War did not take place, Sydney 2009.
161 Ebenda, S. 40–43.
162 Niklas Luhmann, Die Realität der Massenmedien, Wiesbaden 1995, S. 9.
163 Wolfgang Welsch, Die Postmoderne als Fake-Motor? In: Steffi Hobuß/Simone Jung/Sven Kramer (Hrsg.), Öffentlichkeiten zwischen Fakt und Fiktion. Zur Wissensproduktion in Wissenschaft, Medien, Künsten, Berlin 2023, S. 67–89, hier S. 74.

Gerade wegen dieser Tendenzen kommt Baudrillards eher essayistischen und kaum systematischen Ausführungen, die bisweilen zu Missverständnissen einladen, besonders im englischen Sprachraum neuerliche Prominenz zu.[164]

Baudrillard erzählt eine grob vereinfachte Geschichte der Zeichen, deren historische Ungenauigkeit für eine zeitdiagnostische Perspektive weniger von Belang ist. Drei Stadien von der Renaissance bis in die Gegenwart führen zur Auflösung des Gegensatzes vom Zeichen und seinem Gegenstand oder seinem Realen. Baudrillard berichtet, wenn man so will, vom Zusammenbruch jener schon erwähnten komplexen Verhältnisbestimmung von Fiktion und Wirklichkeit. Kosellecks Toposgeschichte kommt zu einem problematischen Ende.

Das erste Stadium oder die erste Ordnung der Simulakren, was so viel bedeutet wie Abbild, Imitat, Trugbild oder Schein, erstreckt sich von der Renaissance bis zur Industriellen Revolution. Mit dem Aufbruch in die Moderne erodiert die starre Ordnung der »Kasten- oder Ständegesellschaft«,[165] die Zeichen verlieren ihre unvermittelte Exklusivität und eröffnen ein nicht zuletzt politisches Spiel der Repräsentation, das im Theater seine Form par excellence findet.[166] Das Zeichen »emanzipiert« sich und wird zum Imitat des Wirklichen. Damit kommen politische und soziale Verhältnisse in Bewegung. Dennoch bleibt das Zeichen unweigerlich an sein Reales gebunden: »Das Simulakrum der ersten Ordnung hebt niemals den Unterschied auf: es setzt den immer spürbaren Widerstreit des Simulakrums und des Realen voraus.«[167] Mit der Industriellen Revolution

> zieht eine neue Generation von Zeichen und Gegenständen herauf. Zeichen ohne die Tradition einer Kaste, Zeichen, die niemals die Beschränkung durch einen Status gekannt haben – die also nicht mehr *imitiert* werden müssen, weil sie von vornherein in gigantischem Ausmaß seriell produziert werden. Bei ihnen stellt sich das Problem der Einzigartigkeit und des Ursprungs nicht mehr: die Technik ist ihr Ursprung.[168]

Walter Benjamins »Kunstwerk im Zeitalter seiner technischen Reproduzierbarkeit«, das 1937 erstmals erschien, bekommt dystopische Schlagseite.[169] Diese neue Ordnung bringt eine Umkehrung mit sich, weil das Zeichen nicht

---

[164] Stefan Horlacher, Jean Baudrillard und die Ära des Verschwindens, oder: Das Verschwinden des Jean Baudrillard? Überlegungen zur deutschen Baudrillard-Rezeption, in: MEDIENwissenschaft: Rezensionen, Reviews 18/4 (2001), S. 414–429.
[165] Jean Baudrillard, Der symbolische Tausch und der Tod, Berlin 2005, S. 80.
[166] Ebenda, S. 81.
[167] Ebenda, S. 85.
[168] Ebenda, S. 87.
[169] Walter Benjamin, Das Kunstwerk im Zeitalter seiner technischen Reproduzierbarkeit, Frankfurt am Main 2019.

2 Weder Fiktion noch Wirklichkeit: QAnon, Hyperrealität und andere Realitäten

mehr zwangsläufig Imitat des Realen ist, sondern ihm vorgelagert sein kann. »Früher«, argumentiert Baudrillard an anderer Stelle und lässt diese eher kryptischen Ausführungen etwas klarer werden, »war die schönste Allegorie [dieser zweiten Ordnung der Simulakra] für uns jene Fabel von Borges, in der die Kartographen des REICHES eine so detaillierte Karte anfertigten, daß Karte und Territorium schließlich exakt zur Deckung kommen.«[170] Gemeint ist damit die Karte im Maßstab eins zu eins, die Jorge Luis Borges in seiner Kurzgeschichte »Von der Strenge der Wissenschaft« beschreibt. Aus der traditionellen Karte als Imitat wird eine industriell hergestellte, die das Reale selbst überdeckt und nicht mehr imitiert. Die Zeichen bemächtigen sich des Realen oder überformen es. Wissensordnungen erschaffen (bisweilen unsichtbare) Realität. »Die Karte ist dem Territorium vorgelagert, ja sie bringt es hervor.«[171] Was sich nicht im Lonely-Planet-Reiseführer findet, existiert für die Ströme der Rucksackreisenden und damit für die Weltöffentlichkeit nicht. Lokalitäten, die es in Auflistungen sehenswerter Orte schaffen, werden in manipulierte Bildwelten eingebunden. Authentizität ist lange her.

Ein Beispiel, das zwar Baudrillards an sich schon grobe historische Abfolge durcheinanderbringt, aber womöglich erhellend ist und beim Thema dieses Textes bleibt: Die Reichsbürger:innen mit ihrem LARP fallen, im Unterschied zu QAnon, noch in diese veraltete zweite Ordnung. Sie deuten die Geschichte seit dem Kaiserreich auf wirre wie irrwitzige Weise um. Dies dient der historischen und moralischen Delegitimation der Bundesrepublik, erkennt allerdings im gleichen Moment ihre Existenz zwangsläufig an. Um Deutschland als unsouveräne GmbH zu deuten, muss man ihre Realität mitsamt der tatsächlichen Regierung akzeptieren. Dass die BRD vermeintlich kein legitimer Staat sei, wird schließlich mit den Gesetzen der BRD selbst begründet. Man könnte sagen, die Reichsbürger:innen arbeiten mit einer anderen Karte, die auf das Territoriale zurückwirken soll. Nicht zufällig kaufen sie Grundstücke, rufen raumgreifende Königreiche aus oder planen einen bewaffneten Putsch. In gewisser Weise sollen »die Überreste des Territoriums allmählich Ausdehnung und Umfang [jener] Karte annehmen«,[172] die Reichsbürger:innen für die wahre halten. Dieses territoriale Interesse macht sie einerseits gefährlich, weil sie wirksam und dauerhaft in die Struktur eingreifen. Andererseits ist das vermutlich ein wesentlicher Grund, warum die Szene mit ihren Praktiken theatraler Krönungszeremonien so aus der Zeit gefallen wirkt.

---

170 Jean Baudrillard, Agonie des Realen, Berlin 1978, S. 7.
171 Ebenda, S. 8.
172 Ebenda.

Reichsbürger:innen teilen zwar mit QAnon einige Annahmen, vor allem die zur jüdischen Weltverschwörung. Und die Szene versucht mittlerweile durchaus, online präsent zu sein und mitzuhalten, genauso wie QAnons bei der Erstürmung des Kapitols das digitale ARG in die physische Welt getragen haben. Von einem Spiel mit Andeutungen und Hinweisen allerdings, das die Beteiligten ins Rabbit Hole stürzen lässt und das Konzept Realität als solches bedeutungslos macht, findet sich bei den Reichsbürger:innen keine Spur. Stattdessen produziert Fitzek Schulungsvideos, in denen der König in persona die geheimen Machenschaften der bösen Mächte und seine Legitimität als Heilsbringer erklärt. Das sind, wenn man so will, Anleitungen zum LARP, damit alle wissen, was gespielt wird. Wer reale Reiche gründen will, verbleibt im Rahmen von Karte und Territorium oder Dichtkunst und Geschichtsschreibung. Die wirre Dichtung, dass das Kaiserreich noch existiere und die BRD eine fremdgesteuerte GmbH sei, soll eigentliche Geschichtsschreibung sein und muss daher Folgen haben. Realität wird zwar umgedeutet, als Konzept aber nicht in Zweifel gezogen. QAnons dagegen behaupten tatsächlich häufig, Trump sei (zwischen beiden Amtszeiten) »still president« oder mindestens »in charge of the military«. Die heftigen Widersprüche, die mit dieser Leugnung der Realität selbst einhergehen, werden entweder ignoriert oder mit weiteren seltsamen Konstrukten wie »there is two militaries« aufgefangen.[173]

Die ernst vorgetragene Behauptung, Trump sei 2023 immer noch Präsident gewesen, wird erst in der dritten Ordnung der Simulakren möglich, die Baudrillard Simulation oder Hyperrealität nennt. Egal, ob Karte oder Territorium Vorrang haben, Borges Fabel greift nicht mehr, schreibt Baudrillard weiter. »Die souveräne Differenz zwischen beiden [ist] verlorengegangen«,[174] genauso wie jene zwischen Fiktion und Wirklichkeit. Im Zeitalter digitaler Medien vollendet sich die Referenzlosigkeit der Zeichen. Das Geld bebildert alle drei Stadien eindrücklich: vom Wertzeichen, das unmittelbar auf den Gebrauchswert seiner Materialität (zumeist Gold) verweist, über das Papiergeld, das sich als seriell hergestelltes Wertzeichen von seiner Referenz im Realen ablöst oder ihr vorausgeht, zum restlos referenzlosen Buch- oder Kryptogeld, das seinen Wert nur noch in Abgrenzung zu anderen referenzlosen Zeichen bestimmen kann.[175] Geld zirkuliert in dieser dritten Ordnung

---

173 The Daily Show, Not only is Trump still president, there are two militaries, 2023, https://www.youtube.com/shorts/0J_seGFoVwY?feature=share [18.2.2024].
174 Baudrillard, Agonie des Realen, S. 8.
175 Jochen Hörisch, Monetäre Simulation. Die Im/Materialität des Geldes, in: Ralf Bohn/Dieter Fuder (Hrsg.), Baudrillard. Simulation und Verführung, München 1994, S. 71–92.

ohne Reales, nicht mehr als haptischer Gegenstand, trägt aber immer noch eine Bedeutung mit sich, weil es Transfers und Kontostände produziert.

Das Spiel QAnon macht deutlich, was Baudrillard schon viel früher als Folge einer kybernetischen Ordnung des Wissens und eines technisierten Mediensystems vernahm.[176] Wir erleben den »Höhepunkt einer immer weiter vorangetriebenen Vernichtung der Referenzen [...], eines Verlusts von Ähnlichkeiten und Bezeichnungen«. Mit vielgestaltigen ARGs tritt das »digitale und programmatische Zeichen« seinen Siegeszug an, »dessen ›Wert‹ rein taktisch durch die Überschneidung mit anderen Signalen [...] bestimmt wird.«[177] Die Brücke von cp für cheese pizza zu cp für child pornography ist eine solche Überschneidung, genau wie so viele andere geheime Andeutungen und zufällige Ähnlichkeiten, ohne dass sie auch nur das Geringste in der Wirklichkeit bedeuten müssen. Der taktische Wert liegt innerhalb des digitalen Spiels oder Modells, wie es Baudrillard nennt, das Affekte triggert und Zugehörigkeit verspricht.

An anderer Stelle nutzt Baudrillard ein mittlerweile veraltet klingendes Beispiel:

> Ist ein Bombenattentat in Italien die Tat von Linksextremisten oder eine Provokation der extremen Rechten, ist es eine Inszenierung des Zentrums, um alle terroristischen Extremisten in Mißkredit zu bringen oder eine wackelige Macht herunterzumachen, oder handelt es sich vielleicht um ein Polizei-Szenario und eine Erpressung zur öffentlichen Sicherheit? All dies ist gleichzeitig wahr und die Suche nach dem Beweis, ja, nach der »Objektivität« der Fakten, setzt diesem Interpretationstaumel kein Ende. Wir bewegen uns [...] in einer Logik der Simulation, die mit einer Logik der Fakten und einer Ordnung der Gründe nichts mehr zu tun hat. Die Simulation ist charakterisiert durch eine Präzession [eine Art Kreisel- oder Taumelbewegung horizontaler Art] des Modells, aller Modelle, schon beim Auftreten des unbedeutendsten Faktums – denn zuerst sind ihre Modelle da, ihre Kreisbahn [...]. Die Tatsachen haben keine Bahn mehr, sie entstehen an den Schnittpunkten der Modelle, eine einzige Tatsache kann durch alle Modelle zugleich erzeugt werden. Es ist diese Antizipation, die jedes Mal für alle möglichen und sogar für die widersprüchlichsten Interpretationen Raum lässt.[178]

Als in München 2016 David S. neun Menschen erschoss und fünf weitere verletzte, liefen die üblichen rechten Kanäle heiß, um die Tat als die eines vermutlich muslimischen Migranten einzusortieren und islamophob oder wahlweise rassistisch auszubeuten. Der Täter hat iranische Eltern und wurde

---

176 Robert Feustel, Eine andere Ordnung der Dinge? Foucault, Baudrillard und die Kybernetik, in: Le foucauldian 1 (2015), http://doi.org/10.16995/lefou.7.
177 Baudrillard, Der symbolische Tausch, S. 90.
178 Baudrillard, Kool Killer, S. 45.

in München geboren. Er hat neben dem iranischen auch einen deutschen Pass. Vor allem hatte er aber ganz offenkundig rechtsradikale Motive und machte gezielt Jagd auf Menschen, denen er einen Migrationshintergrund unterstellte. So beschaut ist das Attentat weit weg von einem islamistischen Hintergrund und gehört in die lange Reihe des Rechtsterrorismus. Der Bayerische Verfassungsschutz und einige Medien (etwa »Der Spiegel«[179]) wiederum stuften die Tat zunächst als nicht politisch motiviert ein und betonten die psychischen Dispositionen des Täters. Erst mehr als drei Jahre später revidierte die Behörde ihre Einschätzung und sah es als gerechtfertigt an, »von einer politischen Motivation« zu sprechen.[180] In der Logik der Simulation hatte die politische Rechte um die AfD das Ereignis in ihrer Deutung, im Rahmen ihres Modells erschaffen und damit Affektpotenziale gehoben. Der Verfassungsschutz sortierte es in ein anderes Modell, vermutlich weil ein Amoklauf politisch nicht so brisant ist und weniger kritische Fragen hervorruft. Ein Teil der kritischen Öffentlichkeit schließlich wies umgehend auf die rechtsradikalen Hintergründe hin. Medial zirkulierte das Ereignis unmittelbar in dreifacher Ausfertigung durch den digitalen Raum und bediente die jeweiligen Modelle. Alle Interpretationen »sind in dem Sinne wahr, dass ihre Wahrheit darin besteht, sich nach dem Bild der Modelle, aus denen sie hervorgehen, in einem verallgemeinerten Zyklus auszutauschen.«[181] Bis heute werden sich Leute an das Attentat in München vermutlich in allen drei Versionen erinnern, je nachdem, wer gefragt wird. Die vergleichsweise langsame Logik der Fakten hat gegen das digitale Echtzeitspiel mit alternativen Realitäten das Nachsehen. Oder wie Baudrillard sagen würde: »Die Tatsachen haben keine Bahn mehr.«[182]

Republikaner:innen und QAnons agieren ähnlich, wenn sie auf die Gewalt am 6. Januar 2021 angesprochen werden. Sie tun dies sogar noch in der Rückschau, ohne den nützlichen »Interpretationstaumel«, den die unmittelbare digitale Verarbeitung eines Ereignisses provoziert. Entweder gab es gar keine Gewalt und das Ganze ist nur eine Erfindung der Mainstream-Medien,

---

179 Spiegel Online, Amoklauf in München: Im Rucksack des Täters waren noch 300 Schuss Munition, Der Spiegel, 2016, https://www.spiegel.de/panorama/justiz/amoklauf-in-muenchen-im-rucksack-des-taeters-waren-noch-300-schuss-munition-a-1104415.html [18.2.2024].

180 Bayern stuft Münchner OEZ-Attentat nun als rechtsradikal motiviert ein, Die Welt, 2019, https://www.welt.de/politik/deutschland/article202479342/Bayern-stuft-Muenchner-OEZ-Attentat-nun-als-rechtsradikal-motiviert-ein.html [17.2.2024].

181 Baudrillard, Agonie des Realen, S. 46.
182 Ebenda.

um Trump zu schaden, ähnlich wie Massenschießereien mit Schauspieler:innen inszeniert worden sein sollen, um Waffenverbote durchzusetzen. Oder die Antifa und Aktivist:innen von Black Lives Matter hätten ein Rollenspiel aufgezogen und seien gewalttätig geworden – ebenfalls um Trump schlecht aussehen zu lassen. Schließlich ist es ein Leichtes, eine Make-America-Great-Again-Mütze aufzusetzen und verdeckt zu operieren. QAnon befindet sich in jenem Modus der Simulation, von der Baudrillard spricht, ein Modus, der Wahrheit aus dem vorgefertigten Modell generiert. Der Kontext des ARG, das sich als anderer Name für Baudrillards Begriff Modell anbietet, liefert eine Interpretation, die sich nicht mehr darum kümmern muss, ob sie stimmt oder nicht. Die Beweiskette muss nur für Spielende sinnvoll klingen und die Weltsicht bestätigen, entsprechende Affekte und Emotionen wecken und Zustimmung aus der Community erfahren. Der Charakter des Spiels entbindet davon, irgendetwas mit der Realität abgleichen zu müssen. Es muss sich nur in die eigene vom Spiel erschaffene alternative Realität einpassen.

Die faktische Widerlegung greift spätestens dann nicht mehr, wenn sich alles umdeuten lässt, wenn alles Sichtbare trügerisch ist, weil es nur auf der Vorderbühne spielt. Jede Tat eines:r Rechten zum Beispiel kann als verdeckte Operation umgedeutet werden, um die Rechte in Misskredit zu bringen. Wenn, wie QAnon lehrt, nichts so ist, wie es scheint, gibt es keine Beweise, die den Mythos widerlegen könnten. Im Frühjahr 2024 verhaftete das FBI den Informanten aus den eigenen Reihen, der Hunter Biden, den Sohn des US-Präsidenten Joe Biden, in Korruptionsvorwürfe verstrickte. Es sei alles gelogen, sagte die Behörde.[183] Später gestand der Beschuldigte und räumte ein, dass er vom russischen Geheimdienst Instruktionen erhalten habe.[184] Doch wie überzeugend ist dies für QAnons, wenn andere vermeintliche Informanten (oder womöglich sogar derselbe) aus der Anonymität heraus schon angedeutet haben, was die »eigene Recherche« dann »bestätigte«: Der deep state um den Präsidenten mitsamt der üblichen manipulierten Medien führt nur ein Theater auf, um die bösen Machenschaften zu kaschieren. Folgerichtig ist diese Festnahme auf der Vorderbühne nur ein weiterer Beweis für alles, was Q von der Hinterbühne berichtet. Was für die einen ein Hinweis auf die zu-

---

183 tagesschau.de, FBI-Informant wegen Falschbehauptungen zu Biden angeklagt, tagesschau.de, 2024, https://www.tagesschau.de/ausland/amerika/biden-fbi-informant-100.html [16.2.2024].

184 Hannah Rabinowitz/Cheri Mossburg, Alexander Smirnov told investigators he got Hunter Biden dirt from Russian intelligence officials, CNN, 2024, https://www.cnn.com/2024/02/20/politics/biden-former-fbi-informant-russian-intelligence/index.html [22.2.2024].

mindest teilweise Unschuld von Hunter Biden ist, dessen dunkle Machenschaften von Q und seiner Recherchearmee längst »aufgedeckt« wurden, verkehrt sich für die anderen ins Gegenteil. Ein anderes Beispiel mit der gleichen sich selbst abdichtenden Logik wäre, dass kein Foto des Erdballs jene überzeugt, die glauben, dass die Erde flach sei. Als Computer Generated Imagery (CGI) enttarnt, ist es vielmehr ein Beweis mehr für die gigantische Verschwörung, die uns glauben machen will, die Erde sei rund.

Hinzu kommt, dass die logische Operation der Beweisführung selbst ad absurdum geführt wird. Wenn sich nicht beweisen lässt, dass eine Behauptung falsch ist, muss sie wahr sein. »But maybe it's not true because there's no evidence of it«, argumentiert ein Journalist von CNN und fragt zwei Anons, die zum Interview bereitstehen: »It's just stuff being talked about on the internet, right?« Die Antwort zerstört die Idee von Evidenz und Beweisführung als solche: »There hasn't been any non-evidence yet.«[185] Aus dieser Perspektive ist nicht nur jede noch so wirre Behauptung haltbar (es wird schwer zu beweisen sein, dass fünfdimensionale Quantenwesen die Welt *nicht* okkupiert haben), die Idee der Beweisführung selbst bedeutet nichts mehr. Der Wert eines Zeichens wird nicht mehr kritisch daran gemessen, wie es zur Wirklichkeit steht. Es wird stattdessen in Modelle einsortiert, um entweder als Beleg der eigenen Ansicht zu dienen oder, falls es nicht danach aussieht, als Fake und damit als Beweis für sein Gegenteil abgetan. Die referenzlosen Zeichen der Simulation regieren. Sie überschneiden, ergänzen sich und absorbieren, wenn nötig, im Modus der radikalen Umkehrung jeden noch so sachlichen Einwand.

Dieser Bruch, diese umfassende Referenzlosigkeit der Zeichen, lässt sich mit einer eigentlich unlauteren, weil verkürzten Bebilderung fassen. Während Fiktion und Wirklichkeit oder Karte und Territorium vertikal verbunden waren – unten die Realität, darüber die Karte –, während also die komplexen Debatten zu ihrem Verhältnis auf dieser Vertikale stattfanden, ist die Welt der Modelle oder ARGs horizontal. Alternative Fakten und spielerisch hervorgebrachte alternative Wirklichkeiten produzieren Zeichen, die sich austauschen, ohne auf ein Reales verweisen zu müssen. Sie befinden sich nur noch im »Stadium totaler Rivalität« zu anderen Zeichen und Modellen,[186] aber sind vom Wirklichen abgekoppelt. In der Horizontalen sozusagen erleben wir die

---

185 Andrew Kirell, Watch QAnon Followers Try to Explain Their Absolutely Bonkers, Pro-Trump Conspiracy Theory, The Daily Beast, 2018, https://www.thedailybeast.com/watch-qanon-followers-try-to-explain-their-absolutely-bonkers-pro-trump-conspiracy-theory [15.2.2024].
186 Baudrillard, Kool Killer, S. 39.

»Generierung eines Realen ohne Ursprung oder Realität.«[187] Oder genauer: Die Generierung vieler alternativer Wirklichkeiten, die nebeneinander (horizontal) existieren.

Allerdings ist der Begriff Simulation etwas irreführend, weil mit ihm die popkulturell gestreute Vorstellung einhergeht, irgendeine Kraft würde via Medien oder direkter Einspeisung unmittelbar auf die Kognition einwirken. Die Körper würden, wie in »Matrix«, in der »Wüste des Realen« vor sich hinvegetieren. Dieses Bild einer Simulation allerdings verbleibt in einer vertikalen Ordnung und kommt nicht ohne die Differenz von Fiktion (die Matrix oder die Karte) und Wirklichkeit (die zur Batterie umfunktionierten Körper oder das Territorium) aus. Was als filmische Überzeichnung durchaus gut gemacht ist, taugt nur bedingt zur Beschreibung politischer Wirklichkeit. Die Simulation ist keine Nichtrealität, sondern entspringt der Ununterscheidbarkeit von Dichtung und Geschichte. Das Fiktionale muss sich nicht mehr daran messen lassen, wie es Realität abbildet, sondern generiert sie. Diese Ununterscheidbarkeit von Inszenierung und Wirklichkeit oder von Signifikant und Signifikat ist die Hyperrealität. Das Märchen QAnon wird selbst real.[188]

Hyperrealität als Name trifft die Sache also besser. Wenig überraschend will auch der Unterschied zwischen filmischer Fiktion und Wirklichkeit nichts mehr bedeuten. Terry Gilliams farbenfrohe wie abgedrehte Verfilmung von Hunter S. Thompsons Klassiker »Fear and Loathing in Las Vegas« (1971 das Buch, 1998 der Film) wird als Beleg für die angeblich starke Wirkung von Adrenochrom herangezogen; die Wahl zwischen blauer und roter Pille, also zwischen eigentlich bewusstloser medialer Fremdsteuerung durch den Mainstream auf der einen und dem »great awakening« auf der anderen Seite, ist »Matrix« entnommen; der Slogan »Where we go one, we go all« stammt aus Ridley Scotts »White Squall« (1996), unter dessen offiziellem YouTube-Trailer massenhaft Kommentare von QAnon-Follower:innen zu finden sind – schließlich endet der Trailer mit dem mittlerweile so verbreiteten »based on a true story«. In den Q-Drops – also wenn der vermeintliche Q eine neue Serie an Posts veröffentlicht – werden weitere Filme vornehmlich aus den 1990er Jahren als Puzzleteile zur Entschlüsselung der politischen Weltlage gepriesen. Hinweise verstecken sich in »The Hunt for Red October« (1990), »Godfather

---

187 Baudrillard, Agonie des Realen, S. 7.
188 Andy Campbell, The QAnon Conspiracy Has Stumbled Into Real Life, And It's Not Going To End Well, HuffPost, 2018, https://www.huffpost.com/entry/qanon-conspiracy-real-life_n_5b54bbafe4b0b15aba8fe484 [30.1.2024].

III« (1990), »Speed« (1994) oder »Jason Bourne« (2016).[189] Dieses Kaleidoskop an Referenzen wird schließlich mit traditionellem evangelikalem Fundamentalismus angereichert, dessen so dunkle wie immerzu antijüdische Phantasien von entführten Kindern fester Bestandteil christlicher Überlieferung ist. Spätestens seit den 1980er Jahren gewinnen die Evangelikalen an Einfluss, genauso wie die Sprache der spirituellen Kriegsführung. Das »große Erwachen« hat QAnon direkt von christlichen Bewegungen übernommen, die schon seit dem 18. Jahrhundert wiederholt glaubten, dass die Zeitenwende unmittelbar bevorstehe.

Q-Drops, Filme und religiöser Wahn formen spielerisch Wirklichkeitsvorstellungen. Dichtkunst und Geschichtsschreibung sind eingeebnet. Sicher, Filme verarbeiten oder adressieren Wirkliches auf unterschiedliche Weise, und manche wie »Matrix« werden eher metaphorisch aufgerufen. Es ist also nicht prinzipiell falsch, auf Filme zu verweisen, wenn Wirkliches zur Debatte steht. Allerdings geht es bei QAnon nicht mehr darum, ein Verhältnis zu bestimmen, will heißen darüber nachzudenken, was das eine (die Fiktion) über das andere (die Wirklichkeit) auszusagen versucht. Im Hyperrealen ist der Unterschied irrelevant. Marc-André Argentino schreibt:

> Belief in QAnon reflects a created hyper-real world based on such theories. [...] QAnon offers comfort in an uncertain – and unprecedented – age as the movement crowdsources answers to the inexplicable. QAnon becomes the master narrative capable of simply explaining various complex events and providing solace for modern problems: a pandemic, economic uncertainty, political polarization, war, child abuse, etc.[190]

Ohne den Begriff oder die Theorie des Hyperrealen, das im Modus des Spiels praktisch wird, bleibt QAnon rätselhaft. Wer nach der alten Realität fragt, sei sie noch so umstritten und vermittelt, stellt womöglich die politisch richtige Frage, kommt einem Verständnis des Phänomens aber kaum näher.[191]

Bleibt der Einwand, dass nach den Reichsbürger:innen mit QAnon nur eine weitere Gruppe verwirrter Leute auftritt. Zumal der Hype um Q seit 2023 abnimmt. Allerdings ist QAnon eher Ausdruck einer grundsätzlichen Verschiebung und weniger ein Sonderfall. Die diskutierten medialen Reaktionen auf das Attentat in München 2016, mit denen Baudrillards Gleichzeitigkeit

---

189 Marc-André Argentino, In the Name of the Father, Son, and Q: Why It's Important to See QAnon as a »Hyper-Real« Religion, Religion Dispatches, 2020, https://religiondispatches.org/in-the-name-of-the-father-son-and-q-why-its-important-to-see-qanon-as-a-hyper-real-religion/ [14. 2. 2024].
190 Ebenda.
191 Außer vielleicht, wenn psychoanalytische Kategorien wie Wahn herangezogen werden, siehe Seeßlen, Zwischen Thrill und Paranoia.

2 Weder Fiktion noch Wirklichkeit: QAnon, Hyperrealität und andere Realitäten

unterschiedlicher hyperrealer »Wahrheiten« bebildert wurde, hatten dies schon angedeutet. Zudem tauchte Q nicht zufällig parallel zum Trumpismus auf und half dabei,[192] ihn groß zu machen. Mittlerweile kopieren Rechte weltweit Trumps Praktiken mit erschreckendem Erfolg.

Zuvor hatte sich schon die Medienlandschaft stark verändert. Der Einfluss alter Imperien des Fernsehens schwindet genauso wie die Gatekeeper-Funktion traditioneller Redaktionen. Silvio Berlusconi beispielsweise stützte seine Macht noch auf bunte TV-Kanäle mit ihrem direkten Draht ins Wohnzimmer. Ummantelt mit leichter Unterhaltung sollten Themen gesetzt und die Massen gelenkt werden. Das funktionierte ganz gut.[193] Trump und sein Trumpismus dagegen wurde mit Twitter groß.[194] Sicher haben »Fox News« als Big Player und die Sinclair Broadcast Group als rechtslastiger Betreiber der meisten US-amerikanischen Lokalsender ihren Beitrag geleistet.[195] Die Verstimmungen zwischen Trump und »Fox News« seit 2023 zeigen allerdings genauso wie die Prominenz von QAnon, dass andere mediale Strukturen in den Vordergrund rücken. Die großen Medienhäuser versuchen nachzuziehen und im Digitalen mit seiner veränderten Ökonomie Schritt zu halten. Zudem agieren sie weniger, als dass sie auf digitale Impulse reagieren. Trump twitterte immer zuerst, anschließend berichteten die etablierten Sender. Die alten, einseitig vom Sender zur Empfängerin gerichteten Medien setzten weniger affektives Potenzial frei als neuere digitale Varianten. Es ist schließlich attraktiver, mitspielen zu dürfen.[196]

---

192 Fach, Trump – ein amerikanischer Traum?, Seeßlen, Trump!
193 Irene Helmes, Machiavelli aus Zelluloid, Süddeutsche.de, 2017, https://www.sueddeutsche.de/medien/berlusconi-und-mediaset-machiavelli-aus-zelluloid-1.1735405 [15.2.2024].
194 Klaus Brinkbäumer, Der Twitterpräsident, in: Raphael Gross/Melanie Lyon/Harald Welzer (Hrsg.), Von Luther zu Twitter. Medien und politische Öffentlichkeit, Frankfurt am Main 2020, S. 279–296.
195 Last Week Tonight, Sinclair Broadcast Group: Last Week Tonight with John Oliver (HBO), 2017, https://www.youtube.com/watch?v=GvtNyOzGogc [15.2.2024].
196 Damit hat sich auch ein alter Traum linker Medienkritik erübrigt. Wenn sich die Pole von Sender:in und Empfänger:in flexibilisieren ließen, so ist noch bei Hans Magnus Enzensberger (Baukasten zu einer Theorie der Medien, in: Kursbuch 20 (1970), S. 159–186) eher optimistisch zu lesen, müssten sich die Medien für die Revolution nutzen lassen. In den 1990er Jahren hatten Tech-Größen wie Bill Gates (The road ahead, New York 1995; Alvin Toffler, Powershift: Knowledge, Wealth, and Power at the Edge of the 21st Century, New York 1991) – zwar nicht revolutionär, aber ebenfalls sehr optimistisch – eine umfassende Demokratisierung mit dem Internet heranrollen sehen. Es kam anders. Jetzt wird jene schroffe Kritik Wirklichkeit, die Baudrillard schon in »Requiem

2.2 Let's play Wirklichkeit: Hyperrealität

Dieser »Strukturwandel der Öffentlichkeit«,[197] die digitale Medienrevolution, hat weniger zu deliberativen Aushandlungsprozessen als zu hyperrealer und verspielter Onlinekommunikation geführt, die Q den Weg bereitet hat. Erst Instagram, TikTok, YouTube, WhatsApp oder Twitter und Imageboards wie 4chan und Reddit lassen Baudrillards Perspektive auf Zeichen, die miteinander interagieren und Realität außen vor lassen, bildlich und konkret werden.

Die Hyperrealität macht es möglich, dass Onlinerollenspiele und ARGs öffentlich verfangen und politisch relevant werden. QAnon und von Storchs Mausrutscher sind nur graduell unterschiedlich, das Grundprinzip ist dasselbe. Noch eine Spur allgemeiner: Wer auf einer Bühne bei einer angemeldeten Demonstration, bei Twitter oder einer Talkshow im Fernsehen, ohne eine Strafe befürchten zu müssen, die Meinung äußert, dass es keine Meinungsfreiheit mehr gebe, hat das Realitätsprinzip ebenfalls hinter sich gelassen. Anders ließe sich dieser maximal offensichtliche Selbstwiderspruch nicht aushalten. »Maulkorb oder Meinung – Sie haben die Wahl« stand 2024 auf Wahlplakaten der Partei »Bündnis Sahra Wagenknecht« anlässlich der Europawahl.[198]

Unsinn dieser Art wird, aus der anderen Richtung beschaut, mit einer Kombination aus Baudrillard und einer Theorie des Spiels lesbar. Solche Behauptungen fehlender Meinungsfreiheit, vorgetragen im Modus der freien Meinungsäußerung, zielen auf die Gefühlswelt jenes geneigten Teils des Publikums, das schon zu wissen glaubt, was gemeint ist. Schließlich hat man die vielen schlagenden Beweise für die (alternative) Wirklichkeit der Diktatur schon online recherchiert. Die vielfältigen Debatten zum Postfaktischen verdeutlichen, wie breit gestreut das Phänomen ist. Die Kombination aus Hyperrealität und Spiel lässt allerdings tiefer blicken oder genauer verstehen. Die Rede vom Postfaktischen führt zudem in die Irre, weil sie unweigerlich die schwer zu haltende Annahme einer vergangenen, rein faktischen Zeit mitliefert. Das Ende politischer Großerzählungen brachte neue Spielräume mit sich.[199] Oder anders: Wenn, wie die postfundamentalistischen Theorien des

---

für die Medien« (Baudrillard, Kool Killer, S. 83–119) explizit gegen Enzensberger formulierte.
197 Jürgen Habermas, Strukturwandel der Öffentlichkeit. Untersuchungen zu einer Kategorie der bürgerlichen Gesellschaft, Frankfurt am Main 2018.
198 Steffen Grimberg, WDR muss BSW-Politiker einladen: Wagenknecht und Wahlplakate, taz, 2024, https://taz.de/!6012023/ [31.8.2024].
199 Lyotard, Das postmoderne Wissen.

Politischen nahelegen,[200] der Ort der Macht leer ist, lässt er sich im Modus virtueller oder hyperrealer Erzählungen beinahe kunstvoll mit Geschichten befüllen, die sich nicht mehr an einem Realitätsprinzip oder an Fakten orientieren müssen.

Die Sprache des Affekts hat sich mitsamt beinahe hypnotischer Wiederholungen in den Vordergrund gespielt. Je öfter irgendeine Behauptung reproduziert wird, desto besser wirkt sie; ganz ähnlich wie bei Werbeslogans. Das Hyperreale hat den medialen Zeichen eine ungeahnte Freiheit gewährt, mit der sich die alten Medien schwertun. Es muss nur affektiv wirken – und sei es durch permanente Wiederholung. Die Comicfigur Pepe the Frog, die schon seit der Gamergate-Kontroverse als Meme-Vorlage prominent ist, symbolisiert diese neue Freiheit. Rechte Onlineaktivist:innen und später Trumps Leute hatten sie für ihre Zwecke instrumentalisiert und ihr endlose Beschimpfungen in den Mund gelegt. Hillary Clinton – gewissermaßen die Galionsfigur der alten medialen Ordnung – nannte sie ein Hasssymbol.[201] Pepes Motto war schlicht: »Feels good man!«

Die Beispiele für Unsinn, die wir in der Einleitung zu diesem Text nennen, sind meist weniger exaltiert, folgen im Grunde aber demselben Modus. Ihnen fehlt zwar die Dramatik von Q und unterirdischen Bunkern. Aber sie sind erstens weder einfach spaßig noch restlos ernsthaft (oder beides zugleich), sie zirkulieren zweitens im Hyperrealen und zielen drittens auf Affekte, statt Wirklichkeit darstellen zu wollen.[202] Die Behauptung, eine neue Kohlemine mit 400 000 Tonnen CO_2-Emission jährlich habe »an overall neutral effect on climate change«,[203] soll vielleicht gar nicht Realität beschreiben, sondern ganz hyperreal jene adressieren, die den Klimawandel so oder so für eine linksliberale Masche halten. Volker Wissings Statement zu fehlenden Schildern für ein Tempolimit unterhält vielleicht keine Beziehung zur Wirklichkeit (in dieser Hinsicht wäre sie an Lächerlichkeit schwer zu überbieten), sondern

---

200 Oliver Marchart, Das unmögliche Objekt. Eine postfundamentalistische Theorie der Gesellschaft, Berlin 2013.
201 Eike Kühl, Meme: Wo Frösche sind, da sind auch Rechte, Die Zeit, 2016, https://www.zeit.de/digital/internet/2016-09/meme-pepe-frosch-alt-right-donald-trump/komplettansicht [18.2.2024].
202 Die bunte Influencerwelt etwa zeigt dies recht eindrucksvoll. Sie produzieren massenhaft eingefärbte Bildwelten in durchgeplanten und von Werbeträgern bezahlten Videos. Gleichzeitig versprechen sie authentische Einblicke. Die Community fühlt sich intim mit den Stars, das Marketing wird organisch, weil es dem Vernehmen nach echt und ehrlich ist. Affekte der Identifikation und des zeitweiligen Wohlbefindens halten den sachlichen Blick in Schach.
203 Harvey, The Guardian.

spielt nur der deutschen Autoseele den Ball zu, für die ein Tempolimit Kastration bedeuten würde.[204] Solange solche referenzlosen Aussagen dennoch im Hyperrealen ihre Kreise ziehen und von jenen verstanden werden, die sie verstehen sollen, zeitigen sie Effekte. »Realität? Wo haben Sie die denn?«, wie der Kybernetiker Heinz von Foerster fragt.[205] Wer nach Wirklichkeit sucht, sieht an solchen Stellen nur Bullshit. Im hyperrealen Spiel dagegen ist alles möglich. Wenn Fiktion und Wirklichkeit oder Fakten und alternative Fakten ununterscheidbar geworden sind, dann lassen sich beliebige Erzählungen zusammenstricken, je nach Bedarf und Laune. Die Referenzlosigkeit macht es so einfach wie bequem, die eigenen Interessen mit einem Konstrukt abzusichern, das Relevanz einfach behauptet. »Feels good man!«

»Eine ganze Industrie bastelt mittlerweile an immer neuen Patchworkwahrheiten auf Wahrheitsportalen und Wahrheitskongressen«, erläutert Vogelgesang. Mit einem

> stetigen Output an Texten und Liedern und Videos und Events [hat sie] eine stabile Umgebung zur Destabilisierung alter Gewissheiten geschaffen. [...] Da diese Industrie Wirklichkeit und Bewusstsein selbst als Material und Produkt begreift, balancieren viele ihrer Projekte an der Grenze zur interventionistischen Kunst oder manchmal auch [zur] Parodie. Nur dass sie sich selbst als Realität setzen und zu diesem Zweck individuellen Größenwahn zum politischen Prinzip erhoben haben.[206]

Eine »digitale Umgebung, in der notwendigerweise alles nur Darstellung, alles nur virtuell« ist, befeuert diese Praktiken. »Die Kriterien von Glaubwürdigkeit und Wahrscheinlichkeit [werden] neu verteilt, weil die Ordnung eine andere ist.« Wahrheit ist nur noch ein leeres Wort, mit dem das eigene Wohlbefinden gesteuert wird. »Der Zeitgeist sagt: Was viral geht, das wird wahr.«[207]

---

204 Zur Romantisierung und Sexualisierung des Autos in rechten Diskursen siehe Peter Bescherer/Anne Burkhardt/Robert Feustel/Gisela Mackenroth/Luzia Sievi, Urbane Konflikte und die Krise der Demokratie: Stadtentwicklung, Rechtsruck und Soziale Bewegungen, Münster 2021, S. 141 ff.
205 Lutz Dammbeck, Das Netz – die Konstruktion des Unabombers. Dokumentarfilm, 2006, Min. 56.
206 Arne Vogelgesang, Truthifixion, re:publica 2021, https://www.youtube.com/watch?v=atthwL8-PbU [16.2.2024], Min. 19.
207 Ebenda, Min. 19. So gab eine Naturheilpraktikerin, die bei Querdenken aktiv war, zu Protokoll: »Ich [habe] sehr intuitiv meiner inneren Stimme sozusagen zugehört, welches Video sich stimmig für mich anfühlt und welches nicht. Dann habe ich auch nur die angeschaut, die sich für mich, für meine Wahrheit, also die sich wahrheitsgetreu für mich angefühlt haben«, siehe Johannes Pantenburg/Sven Reichardt/Benedikt Sepp, Wissensparallelwelten der »Querdenker«, in: Sven Reichardt (Hrsg.), Die Misstrau-

2 Weder Fiktion noch Wirklichkeit: QAnon, Hyperrealität und andere Realitäten

Die permanente Konfusion, die der vielfältige Unsinn produziert, scheint schließlich eine ebenfalls vage oder undeutliche Idee Baudrillards zumindest in Ansätzen plastisch werden zu lassen. »Die Form der Auflösung der [...] kybernetischen und kombinatorischen Welt ist die Implosion. [...] Dasselbe gilt für die Institutionen, den Staat, die Macht usw. Der Traum, all das kraft seiner Widersprüche explodieren zu sehen, ist eben nicht mehr als ein Traum.«[208] Was als provokative Gegendarstellung zu den impliziten Revolutionsphantasien vieler seiner Kolleg:innen im Umfeld von Achtundsechzig gemeint war,[209] kommt gewissermaßen in der Referenzlosigkeit des Digitalen zu sich. Zwischen Anhänger:innen von Q oder Trump und eigentlich allen anderen ist kein sinnvolles Gespräch möglich, genauso wie mit Leugner:innen des menschengemachten Klimawandels oder Querdenker:innen. Argumente oder Deutungen beziehen sich immer auf das eigene Modell oder auf die jeweilige alternative Realität mit ihren digitalen »Beweisen«. Das Spiel unterläuft nicht nur die Differenz von Spaß und Ernst und ermöglicht damit Flexibilität. Es lässt auch die politische Öffentlichkeit und damit die Gesellschaft, wenn man so will, implodieren. Statt dass sich – wie in linken Kreisen häufig angenommen oder erhofft – die Widersprüche zuspitzen, bis die Ordnung mit einem großen Knall auseinanderbricht, fällt sie schleichend in sich zusammen, weil nicht mehr um die Deutung einer Wirklichkeit gerungen wird.

Mit der »totalen Rivalität« der Modelle stehen stattdessen unterschiedliche alternative Wirklichkeiten nebeneinander und konkurrieren um Affektpotenziale. Die Basis für ein tatsächliches Gespräch implodiert, weil sich die Akteur:innen nicht mehr auf dieselbe Wirklichkeit beziehen. Das schließt Verständigung und Kompromiss nahezu aus und macht praktische Politik, die Dinge verändern will, fast unmöglich. Im Hyperrealen gibt es kein besseres Argument. Was häufig mit dem falschen Bild einer Spaltung der Gesellschaft

---

ensgemeinschaft der »Querdenker«. Die Corona-Proteste aus kultur- und sozialwissenschaftlicher Perspektive, Bonn 2022, S. 29–65, hier S. 49.
208 Baudrillard, Kool Killer, S. 75. Was Implosion genau bedeuten soll und was aus ihr folgt, bleibt bei Baudrillard unklar. An anderer Stelle skizziert er die Implosion als Folge einer eskalierenden statistischen Überformung der Wirklichkeit, die in endlosen Tests und Meinungsumfragen die mediale Simulation eines Sozialen erschafft und das eigentlich Soziale damit zur Implosion bringt. Endlose Messwerte und Kenngrößen kreieren eine Art mediale Verdopplung des Subjekts inklusive seiner Entfremdung, siehe Jean Baudrillard, The Masses: The Implosion of the Social in the Media, in: New Literary History 16/3 (1985), S. 577–589.
209 Philipp Felsch, Der lange Sommer der Theorie. Geschichte einer Revolte 1960–1990, München 2015.

umschrieben wird,²¹⁰ gleicht mehr dieser Implosion der politischen Öffentlichkeit, die sich in alternative Wirklichkeiten ohne sinnvolle Verständigung aufteilt.

Die wirren Debatten im US-Kongress legen ein trauriges Zeugnis davon ab. Dort sitzen mittlerweile einige QAnons zusammen mit ihren republikanischen Parteikolleg:innen,²¹¹ von denen die meisten Trump die Treue halten und entsprechend hyperreal auftreten. Statt Kosellecks genauso verzwickter wie weit verzweigter Verhältnisbestimmung zwischen Fiktionen und Fakten prallen nunmehr alternative Realitäten ungebremst aufeinander. Tatsache und Fake, Schein und Trug oder Erzählung und Realität gehören alle derselben Ordnung an. »Die wahre Welt haben wir abgeschafft« – damit beschließt Nietzsche einen Aphorismus, der elegant verdichtet durch die Geschichte der Erkenntnistheorie seit Platon leitet. »[W]elche Welt blieb übrig? die scheinbare vielleicht? ... Aber nein! mit der wahren Welt haben wir auch die scheinbare abgeschafft!«²¹²

Das digitale Spiel als LARP und ARG ist schließlich der praktische Modus des Hyperrealen. Was bei Baudrillard abstrakt und theoretisch bleibt, lässt sich im Spiel als konkretes Handeln beobachten.²¹³ Der Spieleentwickler Reed Berkowitz,²¹⁴ der selbst sagt, er habe das Spielprinzip von QAnon lange vorher als ARG entworfen, sieht Q zwar seit dem Sturm auf das Kapitol am Ende. Das ARG sei durchgespielt. Seither allerdings wüssten die Leute, »wie das geht«, sie brauchen Q nicht mehr. »Sie erfinden mittlerweile ihre eigenen Verschwörungen, geben sich gegenseitig Rätsel auf und stellen ihre eigenen Nachforschungen an.«²¹⁵ Der Unsinn vervielfältigt sich.

---

210 Was außer einer Monstrosität wäre eine geeinte Gesellschaft? Schließlich ist die Heterogenität im Begriff selbst abgelegt. Die Verwechslung von vielfältiger Gesellschaft und tendenziell homogener Gemeinschaft hatte schon einmal fatale Folgen.

211 Annika Brockschmidt, Die Brandstifter. Wie Extremisten die Republikanische Partei übernahmen, Hamburg 2024.

212 Friedrich Nietzsche, Der Fall Wagner, Götzen-Dämmerung, Der Antichrist, Ecce homo, Dionysos-Dithyramben, Nietzsche contra Wagner. Sämtliche Werke. Kritische Studienausgabe in 15 Bänden, Bd. 6, München 1999, S. 81. Die Wirren der Hyperrealität dürfte Nietzsche damit allerdings nicht antizipiert haben, schließlich ist dieser Zustand für ihn der »Höhepunkt der Menschheit«, vermutlich weil sich die falsch gestellten Fragen der Metaphysik endlich erledigt haben.

213 Ähnlich mit Blick auf die Diskussionen zum Ende der Geschichte argumentiert Slavoj Žižek, Die gnadenlose Liebe, Frankfurt am Main 2001, S. 145.

214 Berkowitz, QAnon resembles the games I design.

215 ZDFinfo, Verschwörungen: Fake News, Angst und QAnon, 2023, ZDFinfo, https://www.zdf.de/uri/69158be3-5031-4e6c-81f5-873a8787901a [9.4.2024], Min. 44.

3 Weder Glauben noch Wissen: Aberglaube und das bessere Wissen

Eine Gegenwartsanalyse mithilfe des Spiels provoziert allerdings Dissonanzen. Dem Vernehmen nach wird der verspielte Unsinn – von Reichsbürger:innen über QAnon und Querdenken bis zu weniger auffälligen Varianten wie Wissing – mit Überzeugung vorgetragen, was sich schlecht mit dem Charakter des Spiels verträgt. Genauso werden die alternativen Wirklichkeiten im Hyperrealen als eigentliche Wahrheit verkauft, selbst wenn ihre Widerspiegelungen im Realen eher schwach ausfallen. In gewisser Weise kollidieren Innen- und Außenansicht. Was von außen, aus einer Beobachtung zweiter Ordnung,[216] als Spiel lesbar wird, weil es in den Zwischenräumen von Spaß und Ernst oder Fiktion und Wirklichkeit stattfindet, scheint für die Akteur:innen selbst, für die Beobachtenden erster Ordnung, weniger zweideutig oder spielerisch. Entweder greift das Spiel als Analysetool also zu kurz oder die scheinbare Überzeugung, der teils vehemente Glaube an die eigene Erzählung, hat einen doppelten Boden. Als Frage formuliert: Glauben sich die Menschen, die in LARPs und ARGs verschiedener Ausprägung aktiv sind oder sich entsprechender Muster bedienen, was sie behaupten? Oder ist ihnen, in die radikal andere Richtung gedacht, klar, dass sie Unsinn reden?

Die Frage danach, wer wirklich oder tatsächlich woran glaubt und wer was tatsächlich ernst meint, könnte falsch gestellt sein. Was jenseits von Ernst und Spaß operiert oder beides gleichzeitig erlaubt, unterläuft fast zwangsläufig auch die oberflächliche Eindeutigkeit, wenn es darum geht, wer wovon überzeugt ist – unabhängig davon, wie seriös die Dinge vorgetragen werden. Einmal mehr wird das Spiel als soziale Praxis eine Gleichzeitigkeit denkbar werden lassen – jene von einem Glauben an etwas und einem Wissen darum, dass es nicht stimmt. Genau genommen ist das Spiel der Modus, der diese Gleichzeitigkeit ins Werk setzt, weil das Spiel es zulässt, selbstwirksam, ernsthaft und emotional mit Dingen umzugehen, die nur Spiel und damit nicht real sind. Spielerisch glauben Leute mit voller Überzeugung an etwas, von dem

---

216 Gemeint ist eine Beobachtung der Beobachtenden, siehe Niklas Luhmann, Die Kunst der Gesellschaft, Frankfurt am Main 1997, S. 137.

sie zugleich wissen, dass es Bullshit ist. Octave Mannoni hatte diese Paradoxie schon in den 1960er Jahren auf die Phrase »Ich weiß schon, aber dennoch« verdichtet,[217] allerdings ohne den Umweg über das Spiel.

Um diesen dritten Zwischenraum zu verdeutlichen, den das Spiel öffnet, müssen wir zunächst die Zweifel diskutieren, die sich eigentlich unweigerlich aufdrängen und den Unsinn als solchen kenntlich machen sollten. Anschließend bedarf es einiger Worte zum Verhältnis von Glauben und Wissen. Was einst recht klar getrennt war, überlappt sich im Hyperrealen. QAnon wird zudem häufig als Religion, von Argentino sogar als »hyper-real religion«,[218] gedeutet, was der Frage nach Glauben und Wissen einige Brisanz verleiht. Neben den Konturen eines ARG sind auch jene eines kultisch-religiösen Glaubens schwer zu übersehen, obwohl Qs behaupten, (geheimes) Wissen zu streuen. Allerdings geht die Beobachtung, die im Spruch »Ich weiß schon, aber dennoch« kulminiert, über QAnon hinaus und rückt auch Dinge ins Blickfeld, die weniger offensichtlich religiös oder kultisch sind. Mit dem Begriff Aberglaube schließlich sollte sich diese paradoxe Formel erschließen; eine Art des Glaubens, den sich niemand tatsächlich aneignet, von dem niemand ernsthaft überzeugt ist.

3.1 Doppelter Zweifel

Der Zweifel müsste sich eigentlich aus mindestens zwei Richtungen anschleichen. Einerseits sind alle unsere Beispiele problemlos als Unsinn zu erkennen, von dem niemand unzweifelhaft überzeugt sein kann: Ist es überhaupt möglich, dass Fitzek an sein wasserbetriebenes Auto und Wissing an seine fehlenden Schilder glaubt? Was sollen Trumps Statements bedeuten, die Demokrat:innen würden »Abtreibungen nach dem neunten Monat« befürworten, und wer soll das ernst nehmen?[219] Glaubte wirklich irgendjemand, dass es »two militaries« gab, weil Trump mithilfe von JFK Junior insgeheim noch an der Macht war, während gleichzeitig der – was? machtlose – Joe Biden das Land in den Ruin trieb? Sind die assoziativen Überschneidungen oder Koinzidenzen bei QAnon, die als Beweis gelesen werden, nicht offensichtlich substanzlos und lächerlich? Ist Thierry Baudet tatsächlich und im vollen

---

217 Mannoni, »I Know Well, but All the Same ...«.
218 Argentino, Religion Dispatches.
219 Dreisbach, Donald Trump äußert sich zu Abtreibungen.

Wortsinn »von einer globalen Verschwörung bösartiger Reptilien« überzeugt? Um die Perspektive zu wechseln: Müssten nicht minimale Verstandeskräfte ausreichen, um den Unsinn solcher Behauptungen zu erkennen? Schließlich haben auch QAnons, Reichsbürger:innen, Verkehrsminister:innen und niederländische Politiker:innen ein Privatleben, in dem sie ständig dazu gezwungen sind, ganz basal vernünftig zu agieren. Im Straßenverkehr, bei der Arbeit, beim Einkaufen.[220]

Andererseits funkt die Realität, wenn wir für den Moment eine solche annehmen dürfen, ständig dazwischen. Von alldem, was Q erzählt, ist nichts jenseits der Bildschirme zu sehen (nicht einmal dort gibt es viel Überzeugendes), und seine Ankündigungen zu verschiedenen Ausgaben von Tag X sind immer ins Leere gelaufen. Nichts passierte und ein neues Datum für das große Erwachen und die Zeitenwende musste her. Die Tatsache, dass in Wirklichkeit niemand einen Benziner mit Wasser im Tank hat fahren sehen, müsste Fitzek verunsichern. Umgekehrt liegen die Dinge im Fall des menschengemachten Klimawandels und seiner Verleugnungen, weil auf diesem Gebiet die Realität lautstark Einspruch erhebt, aber überhört wird. Extremwetter und Hitze sollten der wahrnehmbaren, materiellen Welt zu einem Vetorecht verhelfen.

Zwei Umstände also lassen vermuten, dass Leute ihre eigenen Erzählungen nicht oder nicht so richtig glauben können. Erstens sind entsprechende Aussagen häufig simpel und erkennbar unlogisch oder selbstwidersprüchlich. Fehlende Intelligenz oder Bildung dürften nur selten verantwortlich sein. In gewisser Weise muss der politische Verstand vom Alltagsverstand abgespalten werden, weil sonst entweder die logischen Fehler nicht zu übersehen wären oder eben jener Alltag aus den Fugen geraten würde. Zweitens braucht es gute Scheuklappen, um das Veto der Wirklichkeit oder die Differenz zwischen Illusion und Außenwelt gänzlich zu übersehen.

Eine sicherlich drastische, aber dem Prinzip nach nicht ungewöhnliche Interviewsequenz von Jordan Klepper verdeutlicht, dass noch einfachste Logik den Fehler aufdecken würde. Es geht um das Transkript eines Telefonats zwischen Trump und dem ukrainischen Präsidenten Wolodymyr Selenskyj,

---

220 Nur die wenigsten Fans von Trump dürften auch jenseits der politischen Arena nicht verstehen, dass sich die Formulierung »mehr als alle« nicht ausgeht. Wenn ihr Retter allerdings behauptet, dass »tatsächlich sogar mehr als 100 Prozent« aller neuen Jobs an Migrant:innen gingen, stört sie das offenbar nicht, siehe Sandra Kathe, Trump präsentiert im Wahlkampf angebliche Fakten – Das Netz reagiert, Frankfurter Rundschau, 2024, https://www.fr.de/politik/trump-praesentiert-im-wahlkampf-angebliche-fakten-das-netz-reagiert-zr-93246433.html [19.8.2024].

das im Zentrum des Amtsenthebungsverfahrens gegen den damaligen US-Präsidenten stand.

»Read the transcript«, sagt ein Trump-Fan überzeugt, gelassen und erstaunlich souverän.

Klepper:	»Did *you* read the transcript?«
Trumpist:	»I don't have to. [Unsicheres Lachen, der Interviewte scheint den Fehler zu bemerken.] I don't have to, everybody else has. I could if I need to but ...«
Klepper:	»But it is very important that everyone reads the transcript?«
Trumpist:	»Yes, very important. Pay attention, think for yourself!«
Klepper:	»But to be clear: You have *not* read the transcript?«
Trumpist:	»I haven't, no.«
Klepper:	»But it is important?«
Trumpist:	»Yeah, don't be a sheep! Think for yourself!«
Klepper:	»But again, just to be very clear: *You* have not read the transcript?«
Trumpist:	»I haven't, no.«
Klepper:	»But it is important?«
Trumpist:	»Yes. Don't be a sheep, think for yourself!«
Klepper:	»But again, just to be very clear: *You* have not read the transcript? You trusted someone else?«
Trumpist:	»Correct.«
Klepper:	»What did you say? [Ab hier spricht der Trump-Anhänger mit] Don't be a sheep, think for yourself.«[221]

Es ist eher unwahrscheinlich, dass der weder einfältig noch stumpfsinnig wirkende Protagonist dieser Szene den Widerspruch nicht bemerkt und vorbehaltlos überzeugt ist von dem, was er sagt.

Der zweite Punkt, das Veto der Wirklichkeit, lässt sich weniger gut bebildern, weil es um einen Mangel an Wirklichkeitsbezügen geht, um etwas, das nicht sichtbar ist oder – im Fall des Klimawandels – nicht gesehen werden will. Die permanente Verwechslung von Wetter und Klima verbindet beide Aspekte. Sie ist ebenfalls zu einfach, um nicht verstanden zu werden, und sie dient dazu, die spürbare Wirklichkeit des Klimawandels auf gewöhnliche Wetterkapriolen zu schieben. Zudem wirkt es bisweilen so, als würde die kurzfristige und die langfristige Perspektive absichtlich vertauscht werden, um Position zu beziehen und Affekte zu bedienen.[222] Auch solche Manöver

---

221 The Daily Show, Read The Transcript #shorts, 2021, https://www.youtube.com/shorts/GE9xGHHMHdM [24.2.2024].

222 Jan Skudlarek, Mentale Irrwege – Die Macht der Verschwörungstheorien, in: Tobias Meilicke/Cornelius Strobel (Hrsg.), Aufgeheizt. Verschwörungserzählungen rund um die Klimakrise, Bonn 2023, S. 19–40, hier S. 40; stern.de, Trump macht sich über Klimawandel lustig – weil es in den USA kalt ist, stern.de, 2017, https://www.stern.de/poli

lassen Zweifel daran aufkommen, mit wie viel Überzeugung, mit wie viel ernsthaftem Glauben an die eigene Haltung Bekundungen dieser Art formuliert werden.

Wir haben es zudem selten mit buchstäblich fehlender Intelligenz und Auffassungsgabe zu tun. Wenn Hübl etwa von einer Figur des »Trottels« spricht,[223] die fahrlässig spektakuläre Geschichten ungeprüft teilt und damit als Opfer und Täter zugleich den Bullshit trägt und antreibt, ist dies nicht nur begrifflich fragwürdig. Das Wort als landläufige Übersetzung für schwachsinnig hat schließlich einen abwertenden Beigeschmack. Fehlende Intelligenz und Bildung als wesentlichen Faktor anzunehmen, bedeutet auch, alle Komplexität und Widersprüchlichkeit auszublenden – genauso wie die Tatsache, dass intelligente Menschen durchaus dem Bullshit verfallen können.

Viel häufiger dürfte es sich um Varianten »kognitiver Verweigerung« handeln. Es geht um einen Zustand, in dem der Wille oder der Wunsch mehr oder weniger bewusst die Kräfte des Verstandes zurückdrängt. Dummheit, schreibt Patrik von zur Mühlen, sei nur manchmal angeboren oder die irreduzible Folge von Erziehung sowie »sozialer und kultureller Prägung«.[224] Häufig jedoch liege kognitiven Dysfunktionen eine Entscheidung zugrunde, eine heftige Priorisierung der Emotionsbestände, die sich der, wenn man so will, aufgesetzten Dummheit bedienen, um kritische Einsichten wegwischen zu können. Wir haben es – in Teilen – mit einer »freiwilligen Aufrechterhaltung einer geistigen Enge« zu tun.[225] »[M]an will der Betrogene sein«, der Wille zum Spiel dominiert.[226] Dies führt unmittelbar zurück zur Frage, ob sich diese Menschen, die erkennbaren Unsinn von sich geben, selbst glauben, was sie sagen.

---

tik/ausland/donald-trump-macht-sich-ueber-klimawandel-lustig---weil-es-kalt-ist-7803542.html [27.2.2024].
223 Hübl, Bullshit-Resistenz, S. 31.
224 Patrik von zur Mühlen, Vom Nachdenken über Dummheit. Theorie der kognitiven Verweigerung, München 2018, S. 42.
225 Ebenda, S. 43.
226 Huizinga, Homo ludens, S. 33.

3.2 Aberglaube

»Glauben heißt wissen«, besagt ein altes Sprichwort christlicher Färbung. »Glauben heißt nicht wissen«, lautet ein anderes, für das häufig der Frühsozialist Wilhelm Weitling als Quelle genannt wird. Damit ist das Feld grob abgesteckt, auf dem sich eine Toposgeschichte abspielt, die ebenso komplex und vielstimmig ist wie jene von Dichtkunst und Geschichtsschreibung. Im Fall von Fiktion und Wirklichkeit war es für diese kleine Streitschrift zu Spiel und Unsinn in der Gegenwart allerdings ausreichend, die Pole zu markieren (die im Hyperrealen nicht mehr viel bedeuten wollen). Wenn Glauben und Wissen jedoch entweder dasselbe sind oder sich ausschließen, dann liegen die Dinge anders und wir müssen etwas genauer hinschauen. Da die Verhältnisbestimmung von Wissen und Glauben aber für die Philosophie, die Religion, die Moderne, die Aufklärung oder die Wissenschaft (um nur einige Felder zu nennen) zentral ist, bleibt uns nichts anderes übrig, als die beiden in den Sprichwörtern verdichteten Pole knapp und anekdotisch zu skizzieren.

Glauben ist dann von Wissen nicht zu unterscheiden, wenn eine religiös geprägte Ordnung der Dinge Offenbarung und Erkenntnis gleichsetzt. Alles, was wir wissen können, hängt in diesem Fall mit dem Wort Gottes und mit den heiligen Schriften zusammen und muss daher mit ihnen in Einklang gebracht werden. Selbst natürliche Zusammenhänge, von denen in den Schriften nicht die Rede ist, werden nur als Signaturen lesbar, die Gott auf den Dingen angebracht hat. Michel Foucault hat dies in »Die Ordnung der Dinge« im Detail nachgezeichnet,[227] in der sich die Frage nach einer Trennung von Glauben und Wissen nicht stellt, weil beide denselben Ursprung haben.

Mit der Moderne haben sich die Sphären bekanntlich getrennt. Glauben und Wissen stehen mittlerweile »in einem Verhältnis der legitimen Indifferenz«.[228] Das eine schließt das andere nicht zwingend aus, beide beziehen sich nur auf systematisch wie grundsätzlich unterschiedliche Bereiche. Das Wissen hat sich von der Frage nach nicht beweisbaren Überzeugungen wie dem eigentlichen Grund aller Dinge oder dem Anfang aller Zeiten gelöst und kümmert sich, so jedenfalls die idealisierte Vorstellung, um alles, was sich mit nüchterner Beobachtung, mit Messungen etc. erklären lässt, also mit dem, was man üblicherweise Evidenz nennt. Es folgt der Logik, produziert falsifizierbare

---

227 Michel Foucault, Die Ordnung der Dinge. Eine Archäologie der Humanwissenschaften, Frankfurt am Main 2003.
228 Thomas Schwinn, Wissen – Glaube(n) – Aberglaube. Soziologische Perspektiven, in: Marsilius-Kolleg (2015), S. 53–72, hier S. 55.

3 Weder Glauben noch Wissen: Aberglaube und das bessere Wissen

Thesen und will intersubjektiv nachvollziehbar sein. Der Glaube dagegen hat sich (oder hatte sich, wir werden darauf zurückkommen) an jene Ränder oder in jene Bereiche verzogen, die so oder so nicht beweisbar und »nicht mit den Mitteln des Verstandes« erklärbar sind.[229] Mit der Moderne hat der Glaube, dem Prinzip nach, seine Zuständigkeit auf die Dinge verlagert, die im Zweifel subjektiv sind und die wir nicht wissen können.

Soweit eine bis an die Schmerzgrenze vereinfachte Gegenüberstellung. In Wirklichkeit waren und sind die Dinge immer deutlich komplizierter. Die Dogmatik als die »Wissenschaft des christlichen Glaubens«,[230] die es erstaunlicherweise bis heute gibt, liegt ebenso quer zu dieser Trennung wie vielfältige Glaubenssätze, die sich als objektive Wissenschaft getarnt haben. Auch das politische Alltagsgeschäft ist von Verwechslungen durchzogen, wenn etwa Forderungen als sachlich und notwendig verkauft werden, deren Grundlagen streitbare und nicht selten »christlich-abendländische« Glaubenssätze sind. Die Rede von der Wissens- oder gar Informationsgesellschaft ist sicherlich – besonders im historischen Vergleich – nicht falsch, aber sie hat Risse. Dennoch dürfte es Common Sense sein, dass Glauben nicht (mehr) Wissen heißt, weil sich der Glaube üblicherweise um Themen kümmert, die sich der sachlichen Überprüfbarkeit entziehen.

Die Unklarheiten, die diese moderne Trennung in zwei Sphären immer schon durchzogen haben, nehmen dieser Tage allerdings wieder zu. Im Hyperrealen ist der Unterschied von Faktischem und Fiktionalem aufgehoben, was dem Wissen seinen Bezugspunkt nimmt. Zu faktischen Fragen werden mittlerweile häufig Überzeugungen vorgetragen. Dinge, die üblicherweise dem Wissen unterstanden, werden zu Fragen des Glaubens umdefiniert, beispielsweise der Klimawandel. Er ist faktisch und messbar, was einige nicht davon abhält, ihn pauschal zu bezweifeln. Im Rahmen der modernen (oder aufgeklärten) Trennung von Glauben und Wissen ist die Aussage »Ich glaube nicht an den menschengemachten Klimawandel« vielleicht nicht gelogen (das lässt sich schwer beurteilen), aber bedeutungslos, weil es sich nicht um eine Frage des Glaubens handelt.

Solche Registerwechsel sind in politischen Debatten mittlerweile üblich. Im März 2024 twitterte das Nachrichtenmagazin »Monitor«, dass die CDU »auf AfD-Kurs« sei. In ihrem zur Abstimmung vorgelegten Grundsatzprogramm übernehme sie deren Positionen, wenn es um die Migrationspolitik gehe. Diese Aussage wird mit drei nachprüfbaren Fakten belegt. Julia Klöckner von

---

229 Ebenda.
230 Fritz Buri, Glaube und Aberglaube, in: Theologische Zeitschrift 12/2 (1956), S. 206–236, hier S. 206.

ebenjener CDU kommentiert den Tweet lapidar mit »Haltungsjournalismus«.[231] Statt die Darstellung, falls sie nicht zutreffend sein sollte, sachlich anzuzweifeln, wird sie als fehlgeleitete Überzeugung abgetan. Bundesfinanzminister Christian Lindner (FDP) wurde Folgendes gefragt: »Es gibt Studien, die einen direkten Zusammenhang herstellen zwischen Sparpolitik und dem Erstarken rechter Parteien. Macht Ihnen das denn keine Sorgen?« Seine Antwort darauf lautete: »An diese Studien glaube ich nicht.«[232]

Alexander Bogner berichtet von einem ähnlichen Beispiel aus den USA.[233] In einer CNN-Debatte legt eine Soziologin anhand von FBI-Statistiken dar, dass die Kriminalität in den großen Städten des Landes im Schnitt gesunken sei. Ihr republikanischer Kontrahent erwidert, das spiele letztlich keine Rolle, denn die gefühlte Wahrheit sei eine andere – und er als Politiker folge den Empfindungen der Bevölkerung. Bogner skizziert mit diesem Beispiel die Spannung zwischen Expertokratie und postfaktischer Politik, die zwei gegensätzliche Pole ausmachen. Es bräuchte, so Bogner, eine Art Arbeitsteilung zwischen Fakten oder Wissenschaft, mitsamt einem kritischen Bewusstsein für deren Vorläufigkeit auf der einen und der Politik auf der anderen Seite, die normativ agiert und ihre Verantwortung für Entscheidungen nicht einfach auf die Wissenschaft abschieben kann.[234]

Die Vorstellung, dass es neben Fakten auch alternative Fakten geben soll – mit der sich der Streit, was stimmt und was nicht, erledigt hat – entzieht dem Wissen als Gegensatz zum Glauben den Boden. Fortan geht es nurmehr darum, wer an welche (alternativen) Fakten, wer an welche Wirklichkeit glauben will. Die erstaunliche Ignoranz von Reichsbürger:innen, QAnons, Querdenker:innen usw. gegenüber logischen oder sachlichen Einwänden beruht vermutlich nicht zuletzt darauf, dass dem Prinzip nach klassisches oder faktisches Wissen auf Überzeugungen trifft, an denen es abperlt. Die hyperrealen Wirklichkeiten, die im Digitalen ins Kraut schießen, reißen die Gegenüberstellung beider Sphären in einen Taumel und lassen tatsächliche Kommunikation als Austausch von Argumenten mindestens dann zur Seltenheit werden, wenn politische Lager

---

231 Siehe https://www.twitter.com/JuliaKloeckner/status/1763615783374958877?t=AGt kYrHcs1hB-N2fC0ky1w&s=09 [2.3.2024].

232 OMR, OMR24 Conference Stage, 8.5.2024, https://www.youtube.com/watch?v=JLi wXFmLRmA [10.5.2024] Stunde 7, Min. 5.

233 Alexander Bogner, Die Epistemisierung des Politischen. Wie die Macht des Wissens die Demokratie gefährdet, Ditzingen 2021, S. 31–33.

234 Ähnlich argumentieren Hendricks/Vestergaard, Postfaktisch, S. 163–168.

3 Weder Glauben noch Wissen: Aberglaube und das bessere Wissen

aufeinandertreffen. Stattdessen kollidieren Weltsichten, die es mit der Wahrheit oder mit Fakten weniger genau nehmen.[235]

Kumkar berichtet von einer Beobachtung aus seiner Feldforschung. Es geht um die Tea-Party-Bewegung. Während einer Gruppendiskussion stieß er auf den »irritierenden Hinweis [...], dass das Phänomen des expressiven Antwortverhaltens sich nicht auf Umfragen beschränkt«.[236] Verschiedene Forschungen würden zeigen, dass Leute bei Erhebungen und Meinungsumfragen weniger ankreuzen, was sie »wirklich« denken, um stattdessen eine »Botschaft der Unterstützung« für die Konfliktpartei zu senden, für die sie einstehen.[237] Gerade dieses expressive Verhalten zeige sich auch

> in der alltäglichen politischen Praxis dieser Menschen [...]. So erklärte eine Teilnehmerin in einer Gruppendiskussion, nachdem ihre Vorrednerin behauptet hatte, dass Barack Obama kein Amerikaner sei, lachend: »Well, we say he's not« – na ja, wir *sagen*, er sei kein Amerikaner –, und keine:r der anderen Teilnehmer:innen widersprach. Es schien mir, als ich die Transkripte dieser Gespräche und meine Protokolle von teilnehmenden Beobachtungen bei ihren Treffen später durchlas, als hätte sie damit ein ›Geschäftsgeheimnis‹ ausgeplaudert. Was, wenn alternative Fakten nicht nur deshalb keine Lügen sind, weil ihr eigentlicher Gehalt sekundär ist, sondern auch, weil sie kaum jemand glaubt und dieser Glaube auch von (wenn überhaupt) nachgeordneter Bedeutung für ihr Funktionieren ist?[238]

Forschende der University of Sheffield haben ähnliche Beobachtungen gemacht. »How effective is bullshit?«, wollten sie wissen und befragten 2019 hunderte Leute im Norden Englands und in Nordirland, was sie im Nachgang

---

235 Wenn Faktisches zur Glaubensfrage wird, mutiert Wahrheit als Begriff zum rhetorischen Vehikel von quasireligiösen Überzeugungen. Der Trend dazu, »Wahrheit« ständig als leeres, aber wirkmächtiges Buzzword zu nutzen, mit dem – ziemlich vormodern – Wissen und Glauben in eins fallen, wird mittlerweile unter dem Schlagwort Truthifixion verhandelt (siehe Vogelgesang, Truthifixion). Zwar ist die Sache mit der Wahrheit immer schon kompliziert gewesen. Aber in Kreisen, von denen hier die Rede ist, wird sie ständig als Umschrift für ein Glaubensbekenntnis verwendet, gegen das es keine Einwände geben kann. Dann ist Wahrheit nicht mehr das Andere des Irrtums und entzieht sich – erneut – der Sphäre des Wissens. Das Motto der AfD »Mut zur Wahrheit« braucht folglich keine Bezugspunkte und keinen Kontext, weil es sich nicht auf konkrete überprüfbare Dinge bezieht. Es funktioniert stattdessen wie ein Glaubensbekenntnis für jene Mutigen, die sich dem Bösen entgegenstellen. Diejenigen also, die dem reaktionären Wertekanon anhängen, ummanteln ihre Überzeugungen als Wahrheit, verschieben damit die Debatte vom Wissen zum Glauben und würgen damit sachliche Einsprüche grundsätzlich ab.
236 Kumkar, Alternative Fakten, S. 108.
237 Ebenda, S. 105.
238 Ebenda, S. 108 f., Hervorhebung im Original.

von der falschen Behauptung halten, 350 Millionen Pfund britische Steuergelder wären wöchentlich an die Europäische Union abgeflossen, die doch besser für das nationale Gesundheitssystem (NHS) verausgabt werden könnten. Immerhin stand das sogar auf dem berühmten Kampagnenbus der Brexit-Bewegung. Dass diese Behauptung falsch ist, war allen Befragten klar; einige deuteten an, dass dieser Umstand den meisten Leuten auch schon zur Zeit des Wahlkampfs 2016 dämmerte – selbst jenen, die für den Brexit gestimmt hätten. Die Behauptung sei »›Bullshit‹ and that everyone knew it at the time,«[239] sagte etwa eine Befragte.

An diesem Punkt kreuzen sich zwei Beobachtungen. Erstens geben Leute vor, an etwas zu glauben, das eigentlich in den Bereich überprüfbaren Wissens gehört. Der Glaube als ernsthafte Überzeugung ist hier gar nicht zuständig. Zweitens behaupten sie, an Dinge zu glauben, an die sie – wiederum eigentlich – nicht oder zumindest nicht wirklich glauben können, weil die logischen und empirischen Einwände viel zu offenkundig und im Wortsinn selbstverständlich sind. Bisweilen gestehen sie diesen Punkt sogar ein. Diese Kombination führt uns in die unmittelbare Nähe zu dem, was landläufig Aberglaube genannt wird. Jenseits einer halbwegs klaren Trennung von Glauben und Wissen umschreibt der Begriff vielfältige und flexible Haltungen, die mit einem doppelten Boden versehen sind. Im Kern geht es um übernatürliche und magische Kräfte, deren tatsächliche Unwirksamkeit leicht überprüfbar wäre. Leute drücken Daumen, kreuzen Finger oder fürchten Unglück an Freitagen, die auf einen 13. des Monats fallen. Andere legen Tarotkarten, lesen Horoskope oder fuchteln mit Wünschelruten herum. Allerdings lassen sich auch politische Phänomene wie QAnon, Reichsbürgertum oder Querdenken mit diesem Modus genauer verstehen, weil sie weder der Sphäre des ernsthaften Glaubens oder der wirklichen Überzeugung noch jener des überprüfbaren Wissens angehören.

Der Duden definiert Aberglaube – vermutlich unabsichtlich – zweideutig »als irrig angesehenen Glauben an die Wirksamkeit übernatürlicher Kräfte

---

239 Ivanka Antona/Mark Flear/Matthew Wood/Tamara Hervey, Calling Out Brexit ›Bullshit‹ in ›Left Behind‹ Britain, in: SPERI Blog – University of Sheffield (2019). https://speri-blog.sites.sheffield.ac.uk/blog/2019/calling-out-brexit-bullshit-in-left-behind-britain [5.9.2024] Den Unsinn durchschauen zwar alle, aber er wirkt dennoch, erklärt der Text: »Here, we see a kind of double-think going on around Brexit and the NHS. Even though the participant is aware the promise is bullshit, the promise nevertheless holds him captive as he continues to speak. He reflects on the logic of the promise – extra money could be used in the NHS, which he values, if it were being sent to the EU for no appreciable reason.«

3 Weder Glauben noch Wissen: Aberglaube und das bessere Wissen

[...].«[240] Wer was für irrig ansieht, bleibt seltsam offen. Könnte es sein, dass Menschen, die an übernatürliche Kräfte oder Qs Behauptungen glauben, genau diesen Glauben selbst für irrig halten? Markiert womöglich diese Paradoxie den Unterschied zwischen »echtem« Glauben und Aberglauben? Die vielen kleinen abergläubischen Praktiken des Alltags funktionieren offenkundig so: Alle wissen, dass es Quatsch ist, aber dennoch … Und vielleicht ist es erhellend, den Glauben an Verschwörungsmythen, alternative Wirklichkeiten und den ganzen Unsinn, von dem wir ständig reden, als Varianten des Aberglaubens zu deuten.

Sigmund Freud schaute bereits in diese Richtung, als er bei einem Patienten bemerkte, dass dieser abergläubisch und zugleich nicht abergläubisch sei. Er habe das Unsinnige am Aberglauben selbst erkannt und kommentiert, glaubte aber dennoch daran. Für Freud ein untrügliches Zeichen von Bildung, was den Patienten von jenen »ungebildeten Abergläubischen« unterschied, »die sich eins mit ihrem Glauben fühlen«.[241] Allerdings ist der Verweis auf Bildung nicht mehr als eine erste vage Vermutung Freuds, die wenig überzeugt. Wir hatten schon zu zeigen versucht, dass viele Facetten des Unsinns und damit auch des Aberglaubens zu einfach sind, als dass Bildung ein relevanter Faktor sein kann. Niemand, egal wie ungebildet, kann sich eins mit dem Glauben daran fühlen, dass Daumendrücken tatsächlich hilft.

Der bereits erwähnte Mannoni schließt, einige Jahrzehnte später, unmittelbar an Freud an. Er deutet diese paradoxe Gleichzeitigkeit, die im Aberglauben möglich scheint, jedoch nicht als Bildungsproblem. Vielmehr leitet er entsprechende Praktiken mithilfe der Freud'schen Konzepte Verleugnung und Fetischismus als einen Modus her, der es erlaubt, einer Illusion anzuhängen, ohne sie sich tatsächlich anzueignen, oder, wie es bei Mannoni selbst und später bei Robert Pfaller heißt,[242] ohne ihr:e Eigentümer:in zu sein. Der Aberglaube läuft also nicht mit voller, tiefer und ungebrochener Überzeugung ab, was unmittelbar lächerlich wäre – schließlich reden wir von Hufeisen, die Glück und schwarzen Katzen, die Unglück bringen. Stattdessen wird die Ernsthaftigkeit der Überzeugung einer naiven dritten Partei unterstellt, die gewissermaßen an unserer Stelle tatsächlich glaubt.

Mannoni erwähnt ethnologische Forschungen, um diesen Punkt zu bebildern. Indigene Stämme vollführen magische Rituale und kommentieren

---

240 Duden, Aberglaube. Rechtschreibung, Bedeutung, Definition, Herkunft, 2024, https://www.duden.de/rechtschreibung/Aberglaube [2.3.2024].
241 Sigmund Freud, Studienausgabe. Bd. 7: Zwang, Paranoia und Perversion, Frankfurt am Main 1989, S. 88.
242 Pfaller, Die Illusionen der anderen, S. 17.

währenddessen, dass ihre Vorfahr:innen früher einmal an die tatsächliche Wirksamkeit solcher Praktiken geglaubt hätten: »In the old days, people believed in masks.«[243] Die Akteur:innen selbst scheinen in gewisser Weise distanziert und nüchtern, führen aber dennoch die perfekte Illusion eines magischen Glaubens in Form von Ritualen auf. Fraglich ist allerdings, ob es sich – wie es zunächst scheinen mag – tatsächlich um einen Rationalisierungs- oder Aufklärungsprozess handelt, wie wir aus eurozentristischer Perspektive annehmen würden. Schließlich seien die heutigen Indigenen nicht mehr so naiv, an die Wirkung des Regentanzes zum Beispiel zu glauben, da wir sie »aufgeklärt« haben. Allerdings ist eine andere Überlegung womöglich plausibler: Immerzu wird nur älteren Generationen ein tatsächlicher Glaube an die Kraft der Magie unterstellt, egal zu welchem Zeitpunkt die Rituale praktiziert werden. »It is a fairly safe bet that a belief of this sort has always been associated with the old days«, erklärt Mannoni.[244] Schließlich ist der Modus der perfekten Illusion auch in – dem Vernehmen nach – aufgeklärten oder modernen Gesellschaften bekannt; Illusionen, an die eine naive dritte Person an unserer Stelle glaubt. »A person watching a magician perform does not for an instant believe that his tricks are magic, yet she insists that the illusion be ›perfect‹.«[245]

Eine von Slavoj Žižek kolportierte Story lässt diesen paradoxen Zusammenhang ebenfalls erkennen. Der dänische Physiker Nils Bohr hatte, so geht die Geschichte, ein Hufeisen über seiner Eingangstür hängen. Als ein Gast dies bemerkte und ihn darauf ansprach, dass er selbst nicht an dessen magische Kräfte glauben würde, soll Bohr entgegnet haben: »Ich auch nicht, es hängt da nur, weil ich gehört habe, es funktioniere auch dann, wenn man nicht daran glaubt.«[246]

Etwas weniger deutlich, aber dennoch vernehmbar ist die Auslagerung der tatsächlichen, nicht verspielten, nicht doppelbödigen Überzeugung, die den Aberglauben ermöglicht – auch bei den beiden Frauen, die Klepper interviewt und die davon berichten, dass JFK Junior noch am Leben sei und bei Trump-Rallyes hinter der Bühne die Fäden ziehe. Als Klepper diese Behauptung fast wortgleich wiederholt, sie also spiegelt und den beiden Trump-Fans in gewisser Weise aushändigt, verweisen beide Frauen synchron und affektiv zu-

---

243 Mannoni, »I Know Well, but All the Same …«, S. 73.
244 Ebenda, S. 68.
245 Ebenda.
246 Slavoj Žižek, Warum feiern Atheisten Weihnachten, FAZ, 2015, https://www.faz.net/aktuell/feuilleton/warum-feiern-atheisten-weihnachten-slavoj-i-ek-13975453.html [3.3.2024].

3 Weder Glauben noch Wissen: Aberglaube und das bessere Wissen

rück auf die Quelle (»from QAnon«) und schaffen Distanz; untermalt von entsprechenden Armbewegungen. Sie wollen, so wirkt diese Sequenz, nicht Eigentümerinnen ihrer Illusionen sein.

In allen drei Beispielen haben wir es mit einer Gleichzeitigkeit von Glauben einerseits und einem Wissen andererseits zu tun, das quer zum Glauben liegt, ihn also eigentlich suspendiert oder aufhebt. Offen ist nur, wie viel von beiden Zutaten beigemischt wurde. Es scheint zudem unerheblich, aus welcher Richtung die Irritation formuliert ist. Die einen glauben an etwas, von dem sie wissen, dass es nicht stimmt. Die anderen glauben nicht an übernatürliche Kräfte, haben aber gehört, dass sie auch funktionieren, wenn irgendjemand anderes oder niemand an sie glaubt. Jeweils sind die Pole undeutlich, jeweils ist Glauben nicht einfach Glauben und Wissen nicht einfach Wissen, jeweils ist irgendeine andere Person Eigentümer:in des echten Glaubens. Zugleich sind diese Formen der Einbildung oder Illusion durchaus weit verbreitet, etwa wenn offenkundige Zufälle nachdenklich machen oder schmunzeln lassen. »I know well that coincidences of this kind are meaningless«, paraphrasiert Mannoni eine gewöhnliche Haltung, »but I take a certain amount of pleasure in them all the same.«[247] Und Pfaller ergänzt, dass diese Zufälle, die womöglich doch keine sind, auch negativ behaftet sein können und den Beobachtenden »keine Ruhe« lassen, obwohl sie wissen, dass es nur Zufälle sind.[248] Ganz allgemein ist es keine Neuigkeit, dass nicht selten lapidare Koinzidenzen für Kausalitäten gehalten werden. Homöopathische Mittel etwa »wirken«, wenn die Patient:innen mit einer Erkältung zwei, drei, vier oder fünf Tage nach der Einnahme genesen. In allen Fällen jedenfalls hat es zumindest den Anschein, als »koexistieren« die Illusionen mit einem »besseren Wissen, das die Illusion suspendiert.«[249] Explizit oder implizit, bewusst oder unbewusst.

»Auf unheimliche Weise«, schreibt Žižek, »scheint Glaube immer auf Distanz zu funktionieren.« Damit reformuliert er dieselbe Beobachtung, dasselbe Paradox mithilfe einer räumlichen Metapher.

> Damit er funktioniert, muss es einen ultimativen Garanten für ihn geben, einen wahren Gläubigen, doch ist dieser Garant nie persönlich anwesend. Das Subjekt, das wirklich glaubt, muss also überhaupt nicht existieren, damit der Glaube wirksam ist. Es reicht aus, seine Existenz vorauszusetzen [...].[250]

---

247 Mannoni, »I Know Well, but All the Same ...«, S. 78.
248 Pfaller, Die Illusionen der anderen, S. 57.
249 Ebenda, S. 56.
250 Žižek, Warum feiern Atheisten Weihnachten.

Wir hatten an unterschiedlichen Stellen von Zwischenräumen gesprochen, die das Spiel eröffnet. Die von Žižek beschriebene Distanz passt sich nahtlos ein, auch wenn für den Moment ungeklärt bleibt, welche metaphorische Umschreibung – die zeitliche oder die räumliche – das Problem besser einzufangen in der Lage ist. Allerdings sollte deutlich geworden sein, dass die übliche binäre Denkweise – jemand glaubt an etwas oder eben nicht – zu kurz greift. Sie hat einen doppelten Boden, in dem sich das bessere Wissen versteckt.

Zwei User auf Reddit, die sich über die Szene der Verschwörungsgläubiger austauschen, machen deutlich, was passiert, wenn diese Distanz, diese Auslagerung der ernsthaften Überzeugung oder das bessere Wissen verlorengeht, wenn der oder die naive Dritte die Mitarbeit verweigert und der Glaube dazu gedrängt wird, mit sich identisch zu sein: »see ... we like thinking that the elite are lizards, we do hope that tom hanks is exposed as a satanic pedophile, we want to find the cia behind vegas shooting etc etc etc im tired of people saying theories are dumb or stupid or illogical ... that's the point.«[251] Weil immer nur eine naive dritte Partei tatsächlich an all diese Dinge geglaubt hat, ließe sich mit Erzählungen dieser Art freudvoll spielen. Ein anderer User betrauert ebenfalls, dass die Dinge mittlerweile zu ernst verhandelt werden:

> I miss when conspiracy was fun. Water fluoridation, chemtrails, freemasonry, reptilian overlords, alternate history, all these things were just fun to dive into. Once pizzagate came into the game, it changed everything. I wasn't having fun anymore, especially when it all just ... went away.«[252]

Die Fraktion, die vor allem Spielspaß hatte und sich dessen bewusst war, steigt aus, wenn die Illusion übernimmt.

Glauben teilt sich also in mindestens zwei Spielarten auf. Einerseits gibt es die ungebrochene, unzweideutige, vollumfängliche Version, die wir aus Mangel an Bezeichnungen als Überzeugung oder so etwas wie wirklichen Glauben betiteln.[253] In diesem Fall ist der Glaube mit sich identisch und unterscheidet sich substanziell vom Wissen. Seine Träger:innen fühlen »sich eins mit ihrem Glauben«. Die andere ist jene komplizierte, verspielte Version des

---

251 Zitiert in Lars de Wildt/Stef Aupers, Participatory Conspiracy Culture: Believing, doubting and playing with conspiracy theories on Reddit, in: Convergence: The International Journal of Research into New Media Technologies 30/1 (2023), S. 1–22, hier S. 12.
252 Zitiert in ebenda.
253 Pfaller diskutiert das »terminologische Problem« ausführlich (Pfaller, Die Illusionen der anderen, S. 58–64). Das Französische kennt mehr Begriffe und lässt es daher zu, Aberglaube, Glaube, Überzeugung und Bekenntnis genauer zu differenzieren.

Glaubens als Aberglaube, der nicht mit sich zur Deckung kommt und einer naiven und distanzierten Person bedarf.

Diese beiden Versionen liegen allerdings quer zur traditionellen Unterscheidung von religiösem Glauben, der als ernsthaft gilt, und heidnischem Aberglauben, der immer schon »irrig« sei. Zwar hat der Begriff superstitio, die lateinische Version von Aberglaube, einen seiner Ausgangspunkte dort, wo sich die kanonische christliche Lehre von heidnischen Gebräuchen abgrenzen muss, die sie lange Zeit so gut wie möglich zu integrieren versuchte. Allerdings ist schwer zu übersehen, dass auch die christliche Tradition beständig magische Dinge oder übernatürliche Kräfte verhandelt. Es geht um Wunderheilung, Wiederauferstehung und Hexerei. Wo die Grenze zwischen dem einen und dem anderen verläuft, lässt sich nicht sagen. Sie hängt von der Deutungshoheit der Institutionen, etwa der Kirche ab, die den »wahren« vom »falschen« Glauben trennen. Jenseits dieser willkürlichen Setzungen gibt es keinen sachlichen Unterschied zwischen Daumendrücken und Zu-Gott-Beten. Die Differenz zwischen Glauben und Aberglauben, mit der wir hier – vor allem in Anschluss an Pfaller – arbeiten, ist also keine historische, sondern eine grundsätzliche, die damit zu tun hat, welche Rolle das suspendierende Wissen einnimmt. Der echte oder tatsächlich überzeugte Glaube schließt es systematisch aus oder kümmert sich nur um Bereiche, die mit Wissen im Allgemeinen nichts zu tun haben. Der Aberglaube integriert es oder wird erst durch die Anwesenheit des suspendierenden Wissens möglich. »Nicht was geglaubt wird, entscheidet somit darüber, ob es der Kategorie ›Aberglaube‹ zuzurechnen ist, sondern in welcher Form es geglaubt wird.«[254]

Theodor W. Adorno schreibt mit Blick auf den Nationalismus bereits in den 1960er Jahren, dass

> eigentlich niemand mehr so ganz daran [glaubt]. Man sollte daraus aber nicht etwa die primitive Folgerung ziehen, daß deswegen der Nationalismus, wegen dieser Überholtheit, keine entscheidende Rolle mehr spielt, sondern im Gegenteil, es ist ja sehr oft so, daß Überzeugungen und Ideologien gerade dann, wenn sie eigentlich durch die objektive Situation nicht mehr recht substantiell sind, ihr Dämonisches, ihr wahrhaft Zerstörerisches annehmen.[255]

Was Adorno geschichtlichen Veränderungen zuschiebt (Ideologien werden von der Wirklichkeit überholt und steigern im gleichen Moment ihre zerstörerische Kraft), ist womöglich genau die Grenze zwischen Glaube als ernsthafter Überzeugung und Aberglaube als verspielter, doppelbödiger

---

254 Ebenda, S. 73.
255 Theodor W. Adorno, Aspekte des neuen Rechtsradikalismus, Berlin 2019, S. 13.

Praxis, die im Hyperrealen eine Renaissance erlebt. Die Verwunderung über jene, die souverän absurde Theorien und offenkundig Widersprüchliches verbreiten, legt sich womöglich, wenn wir solche Positionierungen als Aberglaube und nicht als echte Überzeugung deuten – freilich ohne damit Entwarnung zu signalisieren. Die Übergänge sind allerdings fließend. Wer mit einem Gewehr in einer Pizzeria ohne Keller nach Kindern in unterirdischen Verliesen sucht, ist vermutlich restlos überzeugt. Für andere jedoch, die weniger tatkräftig unterwegs sind, könnte eine Paradoxie erhellend sein: Leute wollen an Dinge glauben, von denen sie wissen, dass sie nicht stimmen. Sogar das Phänomen *confirmation bias* – also die übliche Neigung, bevorzugt das zu sehen oder wahrzunehmen, was man erwartet – wird so spielerisch ins Extreme getrieben.

3.3 Das Spiel mit Überzeugungen

Der Weg zurück vom Aberglauben zum Spiel ist ziemlich direkt. Entweder ist Aberglaube immer irgendwie spielerisch oder das Spiel ist immer irgendwie abergläubisch. Jeweils wollen übliche Gegensätze nicht mehr viel bedeuten. Nicht zufällig ergänzt Pfaller seine Analyse von Mannonis Leitspruch »Ich weiß schon, aber dennoch« mit Huizingas Theorie des Spiels.[256] Zwei Aspekte stehen im Zentrum: Zum einen hilft das Spiel zu erklären, warum der Aberglaube nur funktioniert, wenn es das bessere Wissen gibt, wenn unstrittig ist, dass nichts einfach so ernst gemeint ist und mit unzweifelhafter Überzeugung vorgetragen wird. Zum anderen liefert das Spiel Hinweise, warum die Emotionen hochschlagen, obwohl es nicht ums wirkliche Leben geht.

Schauen wir zunächst auf den Umstand, dass der Aberglaube oder die Illusion nur »gepflegt werden [können], wenn es ein besseres Wissen gibt, das sie suspendiert«.[257] Diese »paradoxe Eigentümlichkeit« ähnelt auffällig den Reichsbürgerpraktiken, die in gewisser Weise Spiel sein müssen, ohne Spiel sein zu wollen. Als reine Ernsthaftigkeit, ohne Maskerade (Mimikry) und spielerische Anteile, wäre die Lächerlichkeit von Fitzeks Krönung unmittelbar offensichtlich. Was nüchtern und von außen schwer zu übersehen ist, würde

---

256 Pfaller übersetzt den Spruch etwas anders. Bei ihm heißt es: »Ich weiß zwar, dennoch aber ...« (Pfaller, Die Illusionen der anderen, S. 52). Die Änderung hat keine inhaltlichen Gründe, sie basiert nur auf einem leicht verschobenen Sprachgefühl.
257 Ebenda, S. 54.

sich auch den Akteur:innen selbst nicht verbergen. Ohne den Charakter des Spiels, sprich ohne das bessere Wissen, würde die Illusion der Zeremonie in sich zusammenfallen. Zurück bliebe schlechtes Laientheater. Bei QAnon als ARG kommt dieser Widerspruch zum Begriff, wenn es heißt: »This is not a game, learn to play the game«. Dieser Leitspruch des Genres, das mittlerweile zum politischen Alltag gehört, ist eine genaue Analogie zu Mannonis »Ich weiß schon, aber dennoch«. Ohne den spielerischen Anteil wären auch die Q-Drops bloße Behauptungen von irgendjemandem auf irgendeinem Board. Die Illusion hätte keine Chance, würde sie nicht als Spiel jene Distanz mitliefern, jene Auslagerung des wirklichen Glaubens an andere, etwa an die älteren Generationen, von denen Mannoni spricht, oder die tatsächlich Überzeugten, die in Bohrs Annahme die Wirksamkeit des Hufeisens garantieren.

Eine Erklärung, wie der Aberglaube vom Spiel ins Werk gesetzt wird, könnte darin liegen, dass es mehr oder weniger flexible Rollen anbietet: während der Arbeitszeit Polizeibeamte, in der Freizeit Reichsbürgerin. Goffman hat durchaus überzeugend gezeigt,[258] dass sich menschliches Sozialverhalten im Allgemeinen gut als theatrales Rollenspiel interpretieren lässt. Schließlich ist es üblich, das eigene Auftreten unterschiedlichen Konstellationen anzupassen: sachlich im Arbeitskontext, unseriös unter Freund:innen und nett in der Beziehung, um die Stereotype zu bedienen. Ob es jenseits dieser Rollen etwas Eigentliches gibt, ist zweifelhaft. Aus dieser Perspektive lassen sich der Glaube und das bessere Wissen unterschiedlichen Rollen zuordnen, die gewissermaßen nacheinander oder im Wechsel eingenommen werden. Für diese Deutung spricht, dass es immer wieder Leute gibt, die anonym im Netz als aggressive Trolle und Hater auftreten, im unmittelbaren Kontakt dagegen eher zurückhaltend und schüchtern wirken.

Ein solches Nebeneinander der Rollen mag für einige zutreffen. Es bringt aber theoretische und praktische Probleme mit sich. Mit einem strikten Wechsel gäbe es weder eine Gleichzeitigkeit noch einen Zwischenraum; eine Rolle müsste ernsthaft überzeugt daherkommen, in der anderen würde das bessere Wissen regieren. Der Charme des Spiels wäre dahin – dieser erlaubt es ja gerade, an offenkundig Unsinniges zu glauben, weil dieser Glaube verspielt ist, weil er nur im Modus des Aberglaubens praktisch wird. Analog dazu wären auch die Pole Spaß und Ernst oder Wirklichkeit und Fiktion wieder getrennt und müssten sich den unterschiedlichen Rollen zuordnen lassen. Praktisch würde dies zudem bedeuten, dass die Polizistin, die nebenher Reichsbürgerin ist, gegen sich selbst arbeiten müsste und ihre Zugehörigkeit zu einem Reich nichts anderes wäre als reine Maskerade zum Spaß – vorausgesetzt, sie nimmt

---

258 Goffman, Wir alle spielen Theater.

den Job als Polizistin ernst. Kurz: Diese klare Rollenverteilung würde die besondere Faszination des Spiels mit seinem heiligen Ernst einschränken oder gar zunichtemachen. Auch seine affektiven Kräfte wären dahin.

Žižeks Interpretation des Films »Full Metal Jacket« (1987) verdeutlicht diesen Zusammenhang. Der Soldat, der sich mit seiner Rolle ungebrochen, ohne ironische Distanz oder spielerischen Abstand identifiziert, begeht Selbstmord. Sein Kamerad, der sprechenderweise Joker genannt wird, wahrt ein distanziertes, kritisches und bisweilen ironisches Verhältnis zu seiner Rolle als Soldat und funktioniert hervorragend. Die spielerische Ambivalenz, die Gleichzeitigkeit wird zur Bedingung militärischen Gehorsams.[259] Das trifft auch auf Fitzek als »König von Deutschland« und King Charles zu, von denen oben die Rede war (▶ Kap. 1). »Ein Wahnsinniger,« schreibt Žižek, »der glaubt, er sei ein König [zum Beispiel Fitzek], [ist] nicht wahnsinniger [...] als ein König, der glaubt, er sei ein König – der sich also unmittelbar mit dem Mandat ›König‹ identifiziert.«[260] Es scheint also, dass Rollenidentitäten von Ambivalenzen oder Paradoxien durchzogen sein müssen, um zu funktionieren.

Überzeugender dürfte es daher sein, die Paradoxie nicht in einer Abfolge unterschiedlicher Rollen aufzulösen, weil sie Voraussetzung dafür ist, dass der Aberglaube funktioniert, dass das Spiel fasziniert und Emotionen schürt. Schon Huizinga hatte gezeigt, dass »das Spiel eine extreme, durch keine andere Praktik erreichte Faszinationskraft« hat. Pfaller schreibt:

> [Die] Faszination des Spiels [ist aber] abhängig [...] vom Wissen, daß es sich »nur« um ein Spiel handelt. Fehlt dieses Wissen, so kommen auch keine extremen Affekte zustande. Ein Spieler, der nicht weiß, daß das Spiel ein Spiel ist, kann nicht vom »heiligen Ernst« erfasst werden. Er bleibt dem profanen Ernst verhaftet. Dieses für das Spiel notwendige Wissen ist ein »besseres« Wissen im Verhältnis zur Illusion. Es muß demnach in jedem Spiel eine Illusion geben. [...] Mit der Annahme des notwendigen Wissens formuliert Huizinga also auch die These, daß jedes Spiel eine Illusion beinhaltet: nämlich die Illusion, daß es nicht nur ein Spiel wäre. [...] Diese Illusion aber kann nur als suspendierte Illusion Lustgefühle auslösen: Die Illusion, daß es mehr als ein Spiel wäre, muß seitens der Spieler durch das Wissen aufgehoben sein, daß es doch nur ein Spiel ist, damit die Faszination des Spiels und die gesteigerte Anteilnahme, der »heilige Ernst«, entstehen können.[261]

Aberglaube, Spiel und Illusion, was sich passenderweise etymologisch vom Spiel ableitet,[262] funktionieren auf die exakt selbe Weise.

---

259 Slavoj Žižek, The Pervert's Guide to Ideology (Film), Berlin 2016, Min. 122.
260 Slavoj Žižek, Das erhabene Objekt der Ideologie, Wien 2021, S. 55.
261 Pfaller, Die Illusionen der anderen, S. 113.
262 Huizinga, Homo ludens, S. 19.

3 Weder Glauben noch Wissen: Aberglaube und das bessere Wissen

Ein anderes Beispiel dürfte diesen Zusammenhang veranschaulichen. Sexuelle Praktiken wie Bondage oder Sadomaso sind unbedingt auf die Verknotung von Illusion und besserem Wissen, das sie aufhebt, angewiesen. Lustgewinn ist im Kontext solcher Vorlieben nur denkbar, wenn alle Beteiligten die Illusion pflegen, dass es sich um mehr als ein Spiel handelt. Wer Macht ausüben will, muss sich darin ernst nehmen. Ist das nicht der Fall, verschwindet auch das erotisierende Machtgefälle, weil sonst alle nur (dann ziemlich alberne) Rollen spielen. Gleichzeitig muss genau diese Illusion vom Wissen aller Beteiligten, dass es doch nur ein Spiel ist, zwingend aufgehoben werden. Sollte nur einer beteiligten Person dieses Wissen nicht unmittelbar gegenwärtig sein, würde die ganze Situation ins Reale, in den profanen Ernst kippen. Damit wäre nicht nur der Lustgewinn unmöglich. Viel schlimmer: Es würde sich sofort um sexuellen Missbrauch oder Vergewaltigung handeln. Als blanker Ernst wären die Praktiken genauso blanke Gewalt. Im Schwebezustand des Spiels dagegen ist die dominante Rolle die Illusion, die allen – auch sich selbst – vortäuscht, real zu sein. Die unterworfene Rolle dagegen hat, genau umgekehrt zum äußeren Schein, die Kontrolle, weil sie diejenige ist, die das Spiel und damit das dominante Verhalten zulässt oder beendet.

Wir haben bereits eine Szene aus den frühen Jahren des Königs von Deutschland thematisiert, bei der »Spiegel TV« anwesend war und die ein genaues Abbild jener SM-Praktiken ist.[263] Eine Gruppe von etwa 30 Untergebenen im engen Umfeld des Königs probte den Aufstand. Bei einer gemeinsamen Besprechung forderten sie mehr Mitbestimmung und brachten die Abberufung des Königs ins Spiel. Als dieser auf seine unbedingte Souveränität (oder Dominanz) pochte, eskalierte die Situation und einige wollten den Raum verlassen. Fitzek verschloss kurzerhand die Tür, klagte die Aufständischen – auf seine Rolle als Souverän pochend – als »Hochverräter« an und wollte unmittelbar ein öffentliches Gericht abhalten. Allerdings hatte er den Moment verpasst, als ein Teil seines Volks das Spiel abgepfiffen hatte und die Illusion, Fitzek sei König und damit souverän, platzen ließ. Eine Domina ist nur so lange dominant, wie die Dominierten dies zulassen, weil es nur ein Spiel ist, das kein Spiel sein will. Weil Fitzek aber das »Nein heißt nein« nicht verstand oder nicht akzeptieren konnte, riefen einige die Polizei und der Alleinherrscher gab nach. Als die Situation den Schwebezustand des Spiels Richtung profane Ernsthaftigkeit verließ, musste die tatsächliche Staatsgewalt eingreifen.

An all diesen Spielformen ist zudem ein Wille zur Täuschung und Selbsttäuschung beteiligt. Das Englische kennt das Nomen *make-believe*, das Phantasiewelt oder Illusion bedeutet und den aktiven Teil, das Täuschen und Ge-

---

263 Spiegel TV, Die Anfänge des »Königreichs Deutschland«, Min. 22.

täuscht-sein-Wollen, schon begrifflich mitliefert. Dies führt schließlich zurück zu all den Sequenzen des Unsinns, zu Reichsbürger:innen, zu QAnon, zu Wissings fehlenden Schildern und zur eingangs gestellten Frage, ob sich die Akteur:innen selbst glauben, was sie sagen. Sie glauben es sich im Modus des vom Wissen ausgehebelten Aberglaubens oder als Spiel, das keines sein will. Erst diese Paradoxie, diese Gleichzeitigkeit oder dieser Raum zwischen Wissen und Glauben (um alle drei Metaphern aneinanderzureihen, die auf dasselbe verweisen und einem Mangel an Begriffen geschuldet sind) macht es möglich, dass der Unsinn affektiv wirkmächtig wird und Leute in seinen Bann zieht. »Ob man nun Zauberer oder Bezauberter ist«, schreibt Huizinga mit Blick auf spielerische Rituale indigener Menschen, »man ist selbst zugleich wissend und betrogen. Aber man will der Betrogene sein.«[264]

---

264 Huizinga, Homo ludens, S. 33.

4 Let's play bullshit: Konturen des Unsinns

Um Missverständnisse zu vermeiden: Den Unsinn theoretisch fassen zu wollen, bedeutet nicht, entsprechenden Sequenzen oder Aussagen irgendeinen Wahrheitswert zu attestieren. Das wäre obszön. Vielmehr soll das Phänomen, das zwar nicht neu ist, aber gegenwärtig fast überall um sich greift und politisch relevant wird, analytisch fassbar werden. Wie lassen sich die Funktionsweise, die Wege der Zirkulation und die affektiven Kräfte des Unsinns erklären? (Spoiler: mit dem Spiel.) Wie ist es möglich, dass offenkundig Unsinniges politisch so wirkmächtig werden konnte und so viele Leute in seinen Bann zieht? Das Ziel ist, zu »verstehen, ohne Verständnis zu zeigen«,[265] wie Markus Metz und Georg Seeßlen tatsächliche Kritik vom üblichen »medienpopulistischen Opportunismus« abgrenzen, der immer wieder Verständnis zeigt. Diese Perspektive hätte, wenn sie denn überzeugend sein sollte, Folgen für die politische Analyse der Gegenwart. Sie könnte einen Baustein liefern, die üblichen Diagnosen zu ergänzen oder, wenn nötig, zu korrigieren.

Ein solcher Versuch lässt sich als Konkretisierung oder Ergänzung zu Harry Frankfurts bereits 1986 erstmals erschienenem Aufsatz »Bullshit« deuten. Auch wenn Wörterbücher eher von Schwachsinn, Quatsch oder – auch für das Deutsche – von Bullshit reden, ist die Übersetzung als Unsinn nicht abwegig. Am Ende ist das eher eine Geschmacks- oder Stilfrage. Frankfurt jedenfalls spricht gleich zu Beginn seines Textes davon, dass es »keine Theorie« dessen gibt, was er Bullshit nennt. Daher wagt er »einen ersten Schritt zur Entwicklung eines theoretischen Verständnisses dieses Phänomens.«[266]

Bullshit, erklärt Frankfurt, entzieht sich im Kern, ganz grundsätzlich und radikal, der Frage, was stimmt und was nicht. Das unterscheidet ihn substanziell von der Lüge, von der sich nur sinnvoll sprechen lässt, wenn irgendjemand absichtlich die Unwahrheit sagt. »Niemand kann lügen, sofern er nicht glaubt, die Wahrheit zu kennen. Zur Produktion von Bullshit ist solch eine Überzeugung nicht erforderlich.«[267] »[Der] Lügner und der der Wahrheit

---

[265] Markus Metz/Georg Seeßlen, Hass und Hoffnung: Deutschland, Europa und die Flüchtlinge, Berlin 2016, S. 60–61.
[266] Frankfurt, Bullshit, S. 7.
[267] Ebenda, S. 41.

verpflichtete Mensch beteiligen sich gleichsam am selben Spiel, wenn auch auf verschiedenen Seiten.« Der Bullshit dagegen »beachtet [die Wahrheit] einfach gar nicht.«[268] Ein perfektes Beispiel liefert – selbstverständlich – Trump in einer kurzen Gesprächssequenz mit einem Moderator von »Fox News«:

Moderator:	»You said ›they're eating the dogs, they're eating the cats.‹ [...] That turned out not to be true.«
Trump:	»I don't know if it's true or not true.«
Moderator:	»You don't know? It's been debunked.« [...]
Trump:	»What about the goose, [...] the geese? What about the geese? What happened there? I have no idea. I said something ...«[269]

Wenn sich jemand »exzessiv dem Bullshitten hingibt«, schreibt Frankfurt weiter und öffnet damit die Perspektive auf alternative Realitäten, wer also »nur noch danach fragt, ob Behauptungen ihm in den Kram passen oder nicht, kann seine normale Wahrnehmung der Realität« verlieren.[270] Damit deutet er an, dass flächendeckender Bullshit die Realität selbst aus den Angeln hebt. Wenn Wahrheit und Lüge nichts mehr gelten, gibt es auch keine Verhältnisbestimmung zwischen Dichtkunst und Geschichtsschreibung. Bullshit ist Hyperrealität. Die politische Wirklichkeit seit dem Trumpismus bestätigt Frankfurt knapp vierzig Jahre später bedenklich eindrucksvoll.

Frankfurt wundert sich, warum die Folgen für den »enttarnten Bullshitter« in der Regel »nicht so gravierend« sind wie für Lügner:innen.[271] Das ist zwar eine schwer zu belegende Vermutung, für den Trumpismus allerdings erscheint sie durchaus plausibel. Trump selbst und all jene wie Friedrich Merz oder Volker Wissing, die sich bisweilen weniger aggressiv, aber strukturell ähnlich in der politischen Öffentlichkeit verhalten, kommen damit erstaunlich gut durch. Frankfurts Erklärung stellt darauf ab, dass die Lüge eine »Handlung mit scharfem Brennpunkt« sei, die intentional eine Unwahrheit streue, weil die Folgen der Wahrheit abgewendet werden müssten. Der Bullshit dagegen liefere eher ein »Panorama«, das es einfacher macht, auch den »Kontext zu fälschen« und damit nicht unmittelbar entdeckt zu werden.[272] Während die Lüge »Geschicklichkeit« braucht, ist Bullshit eher eine Art künstlerische Praxis, die bekanntlich weniger an Moral gebunden ist. Schließlich argu-

---

268 Ebenda, S. 44.
269 Siehe https://www.twitter.com/KamalaHQ/status/1848026433781674258 [20.10.2024].
270 Frankfurt, Bullshit, S. 44.
271 Ebenda, S. 37.
272 Ebenda, S. 39.

mentiert Frankfurt, dass »die übliche Annahme hinsichtlich des Zusammenhangs zwischen dem, was man sagt, und dem, was man glaubt« im Kontext des Bullshits »außer Kraft gesetzt« sei.[273] Unschwer zu erkennen, dass einige Dinge in Richtung Spiel weisen.

Frankfurts Konzept ist, im Fahrwasser von alternativen Fakten und dem Postfaktischen, viel rezipiert worden.[274] Das Spiel allerdings tritt, soweit wir sehen können, entweder metaphorisch oder philosophisch in Erscheinung, weniger als soziale Praxis. Wittgensteins Sprachspiele bilden beispielsweise das Fundament des Textes »Playing the Bullshit Game«,[275] in dem »a theory of bullshitting« inklusive Schaubild geliefert wird. Foucaults berühmte »Wahrheitsspiele« tauchen in der Debatte häufig auf,[276] etwa in Silke van Dyks reichhaltigem wie lesenswertem Beitrag »Krise der Faktizität« oder bei Vogls »Spielen der Wahrheit«.[277] Diese Version des Spiels unterhält allerdings keine Brücke zum Bullshit oder zum Unsinn. Zudem handelt es sich um einen wenig konkreten Begriff von Spiel. Foucault präzisiert zwar, dass er auf das »game« rekurriert, »als strategisches Spiel aus Handlungen und Reaktionen, Fragen und Antworten, Beherrschungsversuchen und Ausweichmanövern, das heißt als Kampf«.[278] Das ist konkreter als bei vielen anderen, bleibt aber vage. Schließlich besteht Politik selbst auch aus Handlungen und Reaktionen, Fragen und Antworten, Beherrschungsversuchen und Ausweichmanövern. Politik ist auch Kampf. Der Begriff Spiel hat für Foucault seinen Nutzen dort, wo er

---

273 Ebenda, S. 29. Frankfurt thematisiert »bull sessions« (ebenda, S. 27), Gesprächsrunden vorrangig unter Männern, die nicht ganz echt sind und damit im Prinzip schon im Modus des Spiels operieren.
274 Lars Distelhorst liefert eine kurze Rückschau zur Frage, wie Frankfurt aufgegriffen und weiterverarbeitet wurde (Lars Distelhorst, Kritik des Postfaktischen. Der Kapitalismus und seine Spätfolgen, 2019, S. 72 ff.). Die meisten Texte, die von Frankfurts Bullshit handeln, kommen ganz ohne Bezug auf das Spiel aus, etwa Patrick Oelze, Politische Hochstapelei – Nicht Fake News bedrohen die Demokratie, Cicero, 2023, https://www.cicero.de/kultur/fakenews-lugen-franziska-giffey-bullshit [21.3.2024].
275 André Spicer, Playing the Bullshit Game: How Empty and Misleading Communication Takes Over Organizations, in: Organization Theory 1/2 (2020), https://journals.sagepub.com/doi/10.1177/2631787720929704.
276 Foucault, Sexualität und Wahrheit, Bd. 2, S. 13.
277 Silke van Dyk, Krise der Faktizität? Über Wahrheit und Lüge in der Politik und die Aufgabe der Kritik, in: PROKLA. Zeitschrift für kritische Sozialwissenschaft 47/188 (2017), S. 347–368, hier S. 348; Vogl, Kapital und Ressentiment, S. 117.
278 Michel Foucault, Die Wahrheit und die juristischen Formen, Frankfurt am Main 2003, S. 11.

erkennen lässt, dass Wahrheit selbst produziert, verhandelbar und politisch ist.

Womöglich ist es jedoch gerade die konkrete Praxis des Spielens, die den Unsinn der Spätmoderne zu enträtseln hilft.[279] Beide sind in gewisser Weise freiwillig, wobei auch Personen vom Bullshit betroffen sind, die nicht mitspielen wollen.[280] Beide sind wiederholbar. Auch der Bullshit dreht Runden, weil ihn seine Widerlegung nicht interessiert. Während das Spiel mal mehr, mal weniger regelhaft ist, operiert der Bullshit eher mit Regelverletzungen und Überschreitungen. Beides setzt Emotionen frei und ist systematisch das Andere der wirklichen Welt. Diese Analogien sind allerdings oberflächlich. Das Spiel beschreibt seine eigenen Konturen, – das Spiel ist Spiel, wenn diese Tautologie erlaubt ist – auch wenn seine Abgrenzung zur wirklichen Welt immer schon undeutlich war. Der Bullshit dagegen nutzt Elemente des Spiels oder lässt sich mit diesen deuten, verleugnet aber, irgendetwas mit der Realitätsferne eines Spiels zu tun zu haben. Der Unsinn wird vorrangig von außen als Spiel lesbar – als Spiel, das keines sein will. Ihn zu verstehen, heißt folglich, Leuten dabei zuzuschauen, wie sie spielen, ohne dass sie zu spielen glauben. Die politischen, sozialen und ökologischen Folgen sind erschreckend real.

Die gewissermaßen traditionellen Kämpfe um Deutungshoheit, mit denen die Grenze zwischen wahr und falsch diskursiv hergestellt und Herrschaft legitimiert werden soll, Foucaults »Wille zur Wahrheit«, wird von einem Willen zum Spiel überlagert. Allerdings liefert diese kleine Streitschrift kein umfassendes Bild jener Strategien, die sich des Spiels bedienen. Tatsächlich handelt es sich um unfertige Überlegungen, die im Idealfall den Anstoß zu einer Debatte liefern. Genaugenommen geht es um vier Konturen, die aus

---

279 Daniel Neumann und David Prinz führen das Spiel zwar ebenfalls prominent im Titel und verlinken es mit »Subjektivierungsweisen im Poststrukturalismus« (Daniel Neumann/David Prinz, »Sich aufs Spiel setzen« – Post-ironische Subjektivierungsweisen im Poststrukturalismus, Gestern, Romantik, Heute. Forum für Wissenschaft und Kultur, 2023, https://www.gestern-romantik-heute.uni-jena.de/wissenschaft/artikel/sich-aufs-spiel-setzen-post-ironische-subjektivierungsweisen-im-poststrukturalismus [21.3.2024]). Aber auch sie verwenden es entweder metaphorisch oder philosophisch. Mit »sich aufs Spiel setzen« ist sogar die profane Ernsthaftigkeit gemeint, die eigenen Traumata als Basis der Subjektivität auszustellen.

280 Für den Umstand, dass Leute in Spiele einbezogen werden, die nicht spielen wollen oder vom Spiel nichts wissen, gibt es den Begriff dark play bei Gunter Lösel (Die dunkle Seite des Spiels. Theater zwischen Spiel, Wirklichkeit und Fiktion, Bielefeld 2024). Für unsere Belange ist allerdings die aktive Seite des Spielens von Interesse, was nicht bedeutet, dass das dark play irrelevant wäre.

einer Perspektive des Spiels hervorgehen, aufeinander aufbauen und sich wechselseitig bedingen.

Die erste Kontur, die wir diskutiert haben (▶ Kap. 1), zeichnet sich zwischen Spaß und Ernst ab und lässt erkennen, dass diverse Praktiken weder das eine noch das andere sind. Der heilige Ernst des Spiels übernimmt. Kehren wir noch ein letztes Mal zu Fitzeks Krönung zum König von Deutschland zurück. Die Aufführung ist bizarr, ohne Zweifel. Als LARP wird sie jedoch lesbar – als oder im Spiel, das keines sein will. So besehen haben wir es mit Rollen zu tun, die Spielzüge und Reaktionen anderer Mitspieler:innen provozieren; eine emotional verbundene Spielgemeinschaft inklusive. Fitzek selbst deutet die Dinge vermutlich einseitig als ernst und wirklich. Er würde auch auf Nachfrage sicherlich nicht einräumen, dass es sich um ein Spiel handelt. Gleichzeitig ist er aber auf den Modus des Spiels als soziale Praxis angewiesen, weil dies erstens die offenkundige Absurdität seines Tuns zu übersehen hilft und zweitens einen Zauber mit sich bringt, den die profane Wirklichkeit nicht bieten kann. Er lebt also in einer Illusion, von der er selbst wissen muss, dass sie nur eine Illusion ist.

Wer sich Fitzek dagegen ganz klassisch anschaut, ohne die doppelbödige Kontur des Spiels, das keines sein will, dürfte sich wundern. Weder als reiner Spaß noch als profaner Ernst ergibt die Krönung Sinn. Offenkundig nehmen sich die an der Zeremonie Beteiligten selbst durchaus ernst; nach reiner Maskerade zum Spaß sieht es nicht aus. Als ernsthaftes Manöver, das sich ungeteilt auf Wirklichkeit bezieht, wird es nicht sinnvoller. Fitzek schwingt auch nach der Zeremonie nicht das Zepter über Deutschland und alle anderen werden wenig später unweigerlich ihr bürgerliches Leben in jenem Staat fortsetzen, dessen Existenz sie eben mit der Krönung eines neuen Königs beendet haben wollen. Die – vermutlich häufig verdrängte – spielerische und deshalb sinnhafte Innenansicht kollidiert schroff mit einem sachlichen Blick von außen, der zwischen Spaß und Ernst unterscheiden will und verwirrt zurückbleibt. Wer Wirklichkeit zum Referenzpunkt der Inthronisierung macht, sieht vor allem Dinge, die in erster Linie verwundertes Kopfschütteln provozieren.

Erste Kontur des Unsinns: Das Spiel liefert den Rahmen, der unsinnigen Praktiken Sinn verleiht, weil sie als Spiel Folgewirkungen provozieren und weder spaßig noch ernsthaft sind. Von außerhalb des Spiels beschaut, jenseits der Gleichzeitigkeit von Spaß und Ernst, sieht man nur Bullshit.

Die zweite Kontur setzt die erste voraus, wir bewegen uns also weiterhin im Zwischenraum von Spaß und Ernst. Wir haben das Spiel als soziale Praxis beschrieben, das im Modus des heiligen Ernstes die viel zitierte Kraft hat, andere, parallele und durchaus attraktive Welten zu erschaffen (▶ Kap. 2). Gerade diese Grundfunktion des Spiels hilft dabei, die zeitgenössischen Wirren von alternativen Fakten oder dem so viel zitierten Postfaktischen zu deuten. Analog zur Krönung von Fitzek sind Q und seine Anhänger:innen sachlich beschaut eher bizarr. Im ARG QAnon jedoch, das als Spielmodus – jedenfalls in Teilen – zur politischen Wirklichkeit mutiert ist, zirkulieren Qs wirre Einlassungen frei, weil referenzlos, durchs Hyperreale. Sie verketten sich mit anderen Aussagen und Koinzidenzen, die als Beweise gelesen werden und kreieren alternative, digitale Realitäten, die entlang affektiver und emotionaler Bedürfnisse funktionieren. Die »Beweisführung« erinnert an künstlich platzierte Hinweise in Schnitzeljagden. Die totale Rivalität referenzloser Zeichen produziert horizontal modellierte Sinnzusammenhänge, die untereinander konkurrieren, aber auf Wirklichkeit keine Rücksicht nehmen müssen.

Zweite Kontur des Unsinns: Im hyperrealen Spiel referenzloser Zeichen produzieren alternative Fakten Anschlüsse und Verkettungen oder Spielzüge, die im Kontext alternativer Realitäten (ARGs) sinnvoll erscheinen. Wer deren Wert oder Gehalt allerdings an ihrer Aussagekraft in Bezug auf *eine* Wirklichkeit bemisst, sieht Bullshit.

Die dritte Kontur geht der Beobachtung nach, dass einige Aussagen meist offenkundig zu wirr und schräg sind, um sie glauben zu können (▶ Kap. 3). Auch die Sprecher:innen selbst können nicht davon überzeugt sein. Kann sich Wissing etwa seine Behauptung zu fehlenden Schildern selbst glauben? Oder ist es möglich, dass Fitzek an ein mit Wasser fahrendes Auto glaubt?
Analog zu den beiden vorigen Konturen des Unsinns kreuzt auch diese dritte eine klassische Gegenüberstellung, jene von Glauben und Wissen. Zunächst scheint die unübersehbare Lächerlichkeit dieser Aussagen dafür zu sprechen, dass es irgendwie anders sein muss, dass niemand wirklich und unzweifelhaft von Bullshit dieser Art überzeugt sein kann. Zudem geht es oft um Dinge, die eigentlich dem Reich des Wissens zugeordnet werden müssten. Was wir wissen können, müssen wir nicht glauben. Und wir können wissen, dass man für eine einheitliche Geschwindigkeitsbegrenzung auf Deutschlands Autobahnen eben nicht mehr, sondern sogar weniger Schilder braucht und ein Dieselmotor mit Diesel fährt. Diese Irritationen provozieren eine andere, wiederum verspielte Lesart, die bereits im Kontext von psychoanalytischen Diskussionen um Illusionen und Verleugnung aufkam. Vieles spricht dafür, dass wir es mit Varianten von Aberglauben zu tun haben; eine Haltung, die davon lebt, an etwas zu glauben, von dem man weiß, dass es nicht stimmt.

Ohne das Wissen, das die abergläubische Illusion aushebelt, würden all die üblichen Varianten des Aberglaubens ihren Zauber verlieren.

Dritte Kontur des Unsinns: Leute glauben an Bullshit auf die gleiche Weise, wie sie abergläubisch sind. Dieser Aberglaube ist zugleich eine Parallele zum Spiel, das kein Spiel sein will. Niemand ist tatsächlich überzeugt vom Bullshit.

Bleibt schließlich eine *vierte Kontur*, die gewissermaßen die Folge der anderen ist. Die verschiedenen Eigenschaften des Spiels machen es zu jenem Modus, mit dem sich Affekte besonders gut mobilisieren und – längerfristig beschaut – emotionale Bindungen aufbauen lassen. Als nichtprofaner oder heiliger Ernst bedient es das Lustprinzip. Als das andere des Wirklichen erschafft es bequeme Realitäten und als Parallele zum Aberglauben erlaubt es Flexibilität, weil Leute an die gespielte Wahrheit glauben können, ohne überzeugt sein zu müssen. Gerade weil das Spiel von der Trivialität des nüchternen Realen entbindet, ermöglicht es ein Außer-sich, das Menschen völlig in Beschlag nehmen kann.[281] Deshalb bringt »der Wettkampf eine tausendköpfige Menge zur Raserei«.[282] Irgendwann verschwimmen die Grenzen und die »Spielenden«, ergänzt Gunter Lösel, »sind nicht nur Subjekte des Spiels, sondern auch dessen Objekte, das heißt, das Spiel beginnt mit ihnen zu spielen.«[283] Wer sachliche Einwände erhebt, verdirbt das Spiel. Damit verschärft sich die Debatte, weil es nicht mehr um den Gehalt der Einwände selbst geht, sondern um die Personen, die es wagen, sie vorzubringen.

Das Spiel ist Motor der affektpolitischen Mobilisierung. Spielen und gespielt werden. Gerade darin besteht die Gefahr einer spielenden, einer verspielten Gesellschaft, weil es Sachlichkeit und Vernunft gegen die Kräfte des Emotionalen schwer haben. Oder mit Freud: Das Spiel bedient die Lust. Wenn es sich in Politik und Öffentlichkeit ausbreitet und sich zugleich verleugnet, hat es das Realitätsprinzip schwer. Als Gegenstück zum Lustprinzip soll es die affektiven und exzessiven Impulse (bei Freud die Triebe) den praktischen und moralischen Erfordernissen der Umwelt anpassen. Das vom Spiel begünstige Ungleichgewicht zwischen Lust- und Realitätsprinzip könnte ein Teil der Erklärung dafür sein, warum Leute gegen ihre Interessen handeln; warum Frauen,

---

281 Huizinga, Homo ludens, S. 17.
282 Ebenda, S. 10.
283 Lösel, Die dunkle Seite des Spiels, S. 173.

Arbeiter oder nichtweiße US-Amerikaner:innen etwa Trump wählen.[284] Der leidenschaftlich vorgetragene Bullshit jedenfalls, der selbst simple wie offensichtliche (Selbst-)Widersprüche aushält und das LARP namens MAGA (Make America Great Again) prägt, wirkt wie ein ungefilterter, nicht sublimierter Ausbruch triebhafter Kräfte.

***

Die Konturen des Unsinns sind ineinander verschaltete theoretische Versatzstücke, die im Spiel zusammenfinden. Wir haben mit einer Theorie des Spiels als soziale Praxis eröffnet, die vor allem auf Huizinga basiert und die mit der überkommenen Gegenüberstellung von Spaß und Ernst aufräumt. Das Spiel ist im Grunde immer schon »ernsthaft ironisch« und provoziert intensive Emotionen.[285] Anschließend gesellte sich die Perspektive des Hyperrealen bei Baudrillard hinzu. Die Macht des Spiels, andere Welten zu kreieren, wird medientheoretisch ergänzt, womit erkennbar wird, dass im digitalen Zeitalter die alte Toposgeschichte von Fiktion und Wirklichkeit ihr Ende gefunden haben dürfte. Mit dieser Kombination aus Spiel und Simulation sollten konkret Dinge erklärbar werden, die sonst als Postfaktisches oder alternative Fakten für reichlich Verwunderung sorgen, aber in ihrer gewissermaßen inneren Logik undeutlich bleiben. Als drittes haben wir eine – psychoanalytisch gefärbte – Theorie der Illusion oder des Aberglaubens eingebunden. Spiel und Aberglaube sind auf streng analoge Weise mit der Illusion verwoben, die vorgibt, es sei doch real. Diese Illusion wirkt paradoxerweise nur, weil die Beteiligten wissen, dass es nicht echt ist. Nur wer weiß, dass es bloß Spiel ist, kann spielen, aller vorgetragenen Überzeugung und Ernsthaftigkeit zum Trotz – selbst wenn es von außen betrachtet nicht nach einem Spiel aussieht. Dieser dritte theoretische Bogen sollte klären, ob sich Menschen, die den Unsinn zumeist seriös hervorbringen, tatsächlich glauben können, was sie erzählen. Sie glauben es genauso, wie man üblicherweise ans Daumendrücken oder Auf-Holz-Klopfen glaubt.

Die Praxis des Spiels führt gewissermaßen zu seiner Philosophie zurück, weil gewohnte und sich üblicherweise ausschließende Gegensätze suspendiert sind. Das Spiel vereint Spaß und Ernst, ist reale Fiktion oder fiktionale Realität, und lebt von einer Illusion, die alle durchschauen. Die Schwierigkeiten eines solchen Unternehmens zeigen sich daran, dass wir mit unterschiedlichen Metaphern räumlicher oder zeitlicher Art, Zwischenraum oder Gleichzeitig-

---

284 Max Molski, How voting demographics changed between 2020 and 2024 presidential elections, NBC4 Washington, 2024, https://www.nbcwashington.com/decision-2024/2024-voter-turnout-election-demographics-trump-harris/3762138/ [8.11.2024].
285 Michel Foucault, Psychologie und Geisteskrankheit, Frankfurt am Main 1968, S. 118.

keit, etwas zu beschreiben versucht haben, das an anderer Stelle Schwebezustand (Huizinga) oder Paradoxie (Mannoni) heißt. Alle Varianten haben indes ihre Berechtigung, aber verfehlen ihren Gegenstand. Jeweils handelt es sich um Versuche, etwas zu bezeichnen, für das wir keine präzisen Begriffe haben.

Die politische und mediale Wirklichkeit jedenfalls scheint, wie Beck anmerkte, den alten Deutungen spielerisch enteilt. Daher könnte es lohnenswert sein, über eine analytische Sprache nachzudenken, die es erlaubt, Dinge zu beschreiben, die erstens nur Spaß sind, aber ernster als die Wirklichkeit, zweitens nur Fiktion, aber wirklich, an die drittens Leute nur glauben können, weil sie wissen, dass sie nicht stimmen, und die viertens gerade deshalb Leidenschaft mitliefern, weil sie nicht der profanen Wirklichkeit angehören. Für den Unsinn der Gegenwart gibt es zweifellos viele Faktoren. Die konkreten Figurationen des Spiels allerdings könnten den bisherigen Analysen und Debatten neue Beschreibungsperspektiven hinzufügen.

»The real opposition is the media. And the way to deal with them is to flood the zone with shit«, argumentierte Trumps Chefstratege Steve Bannon.[286] Warum allerdings die Scheiße in diesem Bereich verfängt, warum diese Strategie so gut funktioniert, ist bisher – im Kontext der Debatten zu Desinformation und Postfaktischem – eher undeutlich geblieben. Wenn allerdings der Shit eigentlich Bullshit ist und im Modus des Spiels seine Kreise zieht, werden die Abläufe, die inhärenten Zusammenhänge und in Teilen die Motive erkennbar. Bannon meinte womöglich ein Bullshit-Game oder einen Willen zum Spiel, mit dem sich Affekte bewirtschaften und Realitäten aushebeln lassen.

Allerdings hat der analytische Mehrwert des Spiels Grenzen, die nicht verschwiegen werden sollten. Unsere Perspektive ergänzt, wie erwähnt, andere Überlegungen, statt sie ablösen zu wollen. Die Analogie zum Spiel bedeutet auch nicht, dass die Dinge, von denen wir reden, harmlos wären. Wir haben zu zeigen versucht, dass die überlieferte Gegenüberstellung von Spiel als Spaß und Wirklichkeit als Ernst nicht mehr viel bedeuten will und womöglich immer schon zu kurz griff. Wenn sich das Spiel der Wirklichkeit bemächtigt, bringt es imaginierte Gemeinschaften und leidenschaftliche Affekte genauso mit wie eine schlagende Ignoranz im Hinblick darauf, was wirklich ist. Als Modus der Politik hat es unweigerlich Effekte in der Wirklichkeit, weil es seine eigenen Grenzen verlässt. MAGA, Populismus und

---

286 Sean Illing, »Flood the zone with shit«: How misinformation overwhelmed our democracy, Vox, 2020, https://www.vox.com/policy-and-politics/2020/1/16/20991816/impeachment-trial-trump-bannon-misinformation [27.4.2024].

Reichsbürger:innen geizen zudem nicht mit Rhetoriken und Taten, die sich jeder Analogie zum Spiel auch dann entziehen, wenn es nicht als harmloser Zeitvertreib, sondern als komplexe soziale Praxis mit teils heftiger emotionaler Ladung verstanden wird. Wenn aus Gegnern Feinde werden, hat das Spiel als Bezugspunkt ausgedient.

Einmal mehr zeigt der Fußball mit seinen Fans den Unterschied. Egal wie verfeindet sich Ultragruppierungen geben, sie sind auf die Anwesenheit ihrer Gegner:innen angewiesen, um ihr Spiel mit Choreographien, manchmal beleidigenden Gesängen oder, im Fall von Hooligans, mit Fäusten austragen zu können. Die gelegentlich martialische Rhetorik von »verfeindeten Fanlagern« ist im Regelfall theatrale Inszenierung, weil die Antagonist:innen auch im Moment der schärfsten Ablehnung aufeinander angewiesen sind; schließlich braucht es zwei Teams. Die größte Abneigung ist zudem die größte Anerkennung. Nichts ist geiler als das Derby mit dem Stadtrivalen, dessen Fans als das Allerletzte gelten. Im Kontext des Spiels gibt es also nur Gegner:innen, aber keine tatsächliche Feindschaft, selbst wenn es im Stadion hin und wieder anders klingt. Praktisch allerdings sind die Grenzen nicht immer so klar, weil Fußball auch eine politische Bühne ist, was andere Konflikte mitliefert. Wenn das der Fall ist, gehört es nicht mehr in den Zuständigkeitsbereich des Spiels.

Ganz anders haben sich die politischen Debatten in den USA und in Europa in den letzten Jahren entwickelt. Länger schon entgrenzt sich rechte Rhetorik. Die Rechte adressiert die politische Gegenseite genauso wie alle vermeintlich Fremden als Feind und ergeht sich in Ausgrenzungs- und Vernichtungsphantasien. Trump kündigte mehrfach die »größten Massendeportationen der US-Geschichte« nach seinem Wahlsieg an;[287] Teile der AfD und andere ähnlich gesinnte Akteure in Deutschland verschleiern denselben Gedanken im Euphemismus »Remigration«,[288] reaktivieren mit »völkisch« Nazirhetorik und wollen das Land,[289] bevorzugt von Linken und Grünen, »säubern«.[290] Wenn

---

287 Helen Sullivan/Chris Stein/Joanna Walters, Former President threatens ›largest deportation‹ in US history – as it happened, in: The Guardian, 2024, https://www.theguardian.com/us-news/live/2024/jul/18/donald-trump-speech-republican-national-convention-latest-updates [5.12.2024].

288 Maximilian Bornmann, Geheimplan gegen Deutschland, correctiv.org, 2024, https://correctiv.org/aktuelles/neue-rechte/2024/01/10/geheimplan-remigration-vertreibung-afd-rechtsextreme-november-treffen/ [2.4.2024].

289 Robert Feustel/Nancy Grochol/Tobias Prüwer/Franziska Reif (Hrsg.), Wörterbuch des besorgten Bürgers, Mainz 2018, S. 154.

290 mdr.de, Wie Rechtspopulisten NS-Rhetorik für sich nutzen, 2024, https://www.mdr.de/geschichte/zeitgeschichte-gegenwart/sprache-rechtspopulisten-nationalsozialisten-nazis-100.html [5.12.2024].

»der Andere oder Fremde zum Feind wird,« schreibt Koselleck, »öffnet sich jene blutige Bahn, die mit Sieg oder Niederlage, mit Triumph oder Vernichtung ihr Ende findet [...].«[291] Das Spiel dagegen kennt keine tatsächliche Feindschaft, und ein Sieg gilt nur bis zur nächsten Runde. Was schließlich von einem Willen zum Spiel vorbereitet oder ermöglicht wird, etwa in Form schleichender Enthemmung und Radikalisierung bei digitalen LARPs auf Twitter, mutiert zum profanen wie brutalen Ernst, wenn die Feindschaft übernimmt. Gerade deshalb funktionieren rechte Umtriebe mit ihren LARPs und ARGs nur wie Spiele, ohne tatsächlich Spiel zu sein.

---

291 Koselleck, Begriffsgeschichten, S. 275.

Ausblick oder: Join the game?

Bleibt die Frage, was es für konkrete Folgen haben könnte, den (politischen) Unsinn als Spiel zu deuten. Zunächst sollte erkennbar geworden sein, dass sich die interne Logik des Unsinns ein Stück weit erhellt, wenn traditionelle Gegensätze vom Spiel überbrückt oder unterlaufen werden. Die folgenden Seiten sollen, eher als Postskriptum, nach praktischen und theoretischen Anschlussstellen fahnden, nach Möglichkeiten und Perspektiven, die das Spiel als Deutungsrahmen eröffnet. Das bedeutet, über die von Hübl auf den Begriff gebrachte und unerlässliche »Bullshitresistenz« hinauszugehen. Gewisse Abwehrkräfte gegen den Unsinn lassen sich, erklärt Hübl, mit politischer Bildung und Medienkompetenz, mit kritischem Wissen zu Statistiken mit ihren manipulativen Kräften aufbauen, ergänzt um Logik- und Argumentationstraining.[292] Diese gewissermaßen klassischen Mittel wirken allerdings nur begrenzt, wie die Wirklichkeit täglich vorführt. Gegen die Sogwirkung von Spielformen hat es die übliche Bildungsarbeit offenbar schwer. Daher bedarf es anderer, zusätzlicher Mittel. Wer weiß, was und wie gespielt wird, hat andere Optionen.

Beginnen wir mit einem vergleichsweise einfachen Beispiel, wie mit Bullshit (anders) umzugehen sein könnte. 2018 machte Alice Weidel (AfD) mit wilden Beschimpfungen von sich Reden, als sie zur Generaldebatte des Haushalts (dieses Detail wird noch wichtig) Menschen islamischen Glaubens angriff und heftig beleidigte. Die Unterstellung, dass Gewalt und Terror ein unerlässlicher Bestandteil des Islams sei, war inklusive und die öffentliche Empörungsmaschine lief umgehend heiß. Twitter und viele schnell reagierende Medien hatten sich positioniert und ihre Abgrenzung betont, Rechte applaudierten mehr oder weniger offen. Weidels durchaus markanter Spruch war umgehend tausendfach reproduziert worden und hatte sich in kurzer Zeit tief ins politische Gedächtnis der Öffentlichkeit eingeschrieben. Weidel war es gelungen, die Aufmerksamkeit der Medien für zwei, drei und das Feuilleton für ein paar weitere Tage auf sich, auf ihr Thema und den geforderten schroffen Ausschluss von Muslim:innen zu lenken.

Ihr Gerede von »Kopftuchmädchen, alimentierten Messermännern und sonstigen Taugenichtsen« qualifiziert sich durchaus als Bullshit und als

---

292 Hübl, Bullshit-Resistenz, S. 91–93.

Spielelement.[293] Es triggert, bespielt Affekte und kann nicht profan ernst gemeint sein. Allein der Begriff Taugenichts, angewendet auf eine ganze Bevölkerungsgruppe, ist unsinnig. Wer selbst, wie Weidel zugeben musste, syrische Geflüchtete illegal im Haushalt beschäftigt,[294] glaubt sich diese Provokation nicht mit voller Überzeugung. Ein Spielzug also, mit dem sich die Öffentlichkeit geschickt manipulieren lässt. Die breit gestreute Empörung ist kalkuliert, weil genau dieser Modus das Thema und die ausgrenzende Sprache reproduziert und damit normalisiert. Wer allerdings ein politisches Manöver dieser Art als Spielzug erkennt, hat verschiedene Optionen. Eine davon ist nicht mitzuspielen; eine andere besteht darin, den nächsten Zug des Gegenübers zu antizipieren und selbst geschickt zu spielen. In jedem Fall eröffnet es die Möglichkeit, gelassener und weniger affektiv oder getriggert zu reagieren, weil es Affektmanager:innen wie Weidel gerade auf die Emotionen abgesehen haben.

Zum Zeitpunkt ihrer Rede dürfte Weidel schon gewusst haben, dass sie etwa zwei Stunden nach der Haushaltsdebatte ins »ZDF-Mittagsmagazin« eingeladen war. Dort kam es, wie es kommen musste. Die Journalistin befragte Weidel zu ihren »rassistischen« Aussagen, was zwei problematische Folgen hatte: Sie wiederholte die Beschimpfungen und gab Weidel den Raum, »das Problem« auszubreiten. Mit dem Trick, Muslimfeindlichkeit und Rassismus substanziell zu trennen und zu betonen, eine Religion sei keine Rasse, hebelte Weidel die überforderte Journalistin aus, die dieser typisch rechten Masche nicht gewachsen war und nichts außer der Wiederholung ihrer Vorhaltungen entgegnete.[295]

Was wäre gewesen, wenn die Moderatorin Weidel nicht nach ihrer menschenverachtenden Aussage befragt hätte, um stattdessen konkrete Dinge zum Bundeshaushalt und zu den Vorstellungen der AfD dazu aufzurufen? Und die berechtigte Empörung war bereits auf vielen Kanälen zu vernehmen. Vermutlich hätte dieses vergleichsweise nüchterne Manöver Weidel kalt erwischt. Sie konnte sich jedoch ziemlich sicher sein, dass sie keine komplexen

---

293 Der Spiegel, Alice Weidel im Bundestag: »Kopftuchmädchen und andere Taugenichtse«, 2018, https://www.youtube.com/watch?v=ZEGj1T0pnR0 [22.3.2024].

294 Luca De Carli, AfD-Spitzenpolitikerin erhält Post aus Bern, Basler Zeitung, 2017, https://www.bazonline.ch/afd-spitzenpolitikerin-erhaelt-post-aus-bern-261259806870 [22.3.2024].

295 Leider ließ sich keine Aufzeichnung dieser Sendung finden. Die Details entstammen Notizen, die zur Vorbereitung eines Interviews mit dem Deutschlandfunk dienten, siehe Jan Schilling, Framing in den Medien – Kalkulierter Tabubruch, Deutschlandfunk, 2018, https://www.deutschlandfunk.de/framing-in-den-medien-kalkulierter-tabubruch-100.html [31.8.2024].

Probleme zur Verteilung von Steuermitteln kritisieren und die eigene Policy einordnen muss, wenn es ihr gelingt, mit dem richtigen Spielzug eine andere, für ihre Belange eher vorteilhafte Debatte in den Vordergrund zu schieben. Warum die Komplexität des Haushalts studieren, wenn sich Zorn und Jubel viel einfacher, mit einem markigen Spruch, provozieren lassen? Weidel wusste vermutlich genau, welche Art von Vorwurf auf sie zukommen würde. Daher war es für sie kein Problem, sich vorzubereiten und das Thema am Kochen zu halten. Und wieder war es dem rechten Rand gelungen, die Debatte zu dominieren, ein Stück nach rechts zu schieben und einen ausgrenzenden Sprachgebrauch zu normalisieren. Das sind keine guten Nachrichten, wenn es stimmt, was »der Zeitgeist sagt: Was viral geht, das wird wahr«.

Die Deutung als Spiel hilft zudem, öffentliche Reaktionen zu überdenken und den typischen Fehler zu vermeiden, auf die Affektpolitik mit der üblichen wie eingeübten Empörung zu reagieren, die selbst affektiv ist. Schroffe Empörung mag manchmal angemessen sein. In Fällen wie dem skizzierten hilft sie nicht, weil es eigentlich nichts Neues zu sehen gibt. Die Deutung als »Provokationsspiel« ermöglicht es also,[296] einen geschickten Gegenzug zu wählen oder nicht mitzuspielen (im Fall der ZDF-Moderatorin wäre beides auf dasselbe hinausgelaufen). An vielen anderen Stellen dürfte es möglich sein, mithilfe der Spielperspektive zu erkennen, dass bestimmte Artikulationen gar keines Kommentars bedürfen, dass sich mitspielen politisch nicht lohnt, weil es genau dem Verhaltensmuster entspricht, welches die Gegenseite provoziert und erwartet. Dass die politische Ökonomie der Medien konträr dazu liegt, weil sie mit Affekt und Erregung Klicks produziert und Geld verdient, ist klar. Aber das ist ein anderes Thema.

Das Spiel könnte auch theoretisch neue Einsichten liefern und helfen, Bullshit und Affekt genauer zu verstehen. Die Sozialwissenschaften diskutieren das Problem intensiv, wenn auch häufiger unter anderer Flagge (Populismus, Trumpismus, Postfaktisches etc.). Wir müssen allerdings eine substanzielle oder systematische Untersuchung, wo und wie sich das Spiel einschalten und Dinge beleuchten könnte, angesichts der Menge an Überlegungen und Entwürfen vertagen oder jenen überlassen, die sich besser auskennen. Für den Moment begnügen wir uns mit ein paar Versuchen.

---

296 Frauke Böger, »Wir haben kein Problem damit, dass du rechts bist. Sondern damit, wie du es bist.« Per Leo und Daniel-Pascal Zorn: Autoren über Diskurs mit Rechten, Der Spiegel, 2024, https://www.spiegel.de/kultur/per-leo-und-daniel-pascal-zorn-wir-haben-kein-problem-damit-dass-du-rechts-bist-sondern-damit-wie-du-es-bist-a-6138c526-6878-453b-af7e-beaee3ae929e [4.4.2024].

Ausblick oder: Join the game?

Die Theorie der Triggerpunkte von Mau, Lux und Westheuser, die gegenwärtig viel diskutiert wird, ist einen genaueren Blick wert. Weidels Auftritt lässt sich als ein solcher lesen, allerdings die aktive, intendierte und scharfe Variante. Sie übertritt zielsicher eine Linie, verlässt den Boden einer sachlichen Debatte und äußert sich schroff negativ. Sie provoziert, unterläuft moralische Grunderwartungen von Humanität und begeht ganz absichtlich einen »Normalitätsverstoß«.[297] Triggerpunkte gehen – auf unser Thema übertragen – aus aufgeheizten, hyperrealen Debatten hervor oder reagieren auf diese. Sie entziehen sich systematisch und von vornherein sachlicher, interessengeleiteter Fragestellungen, und sie sollen polarisieren. Kurz: Triggerpunkte sind häufig Unsinn und haben Affekte im Fadenkreuz.

Womöglich könnte das Spiel als Modus gleich doppelt helfen. Einerseits entstehen Triggerpunkte im Kontext von unwirklichen, lebensfernen oder eben hyperrealen Debatten, deren spielerischen Charakter wir zu zeigen versucht haben. Es muss nicht stimmen, was kolportiert wird, nur Reize setzen. Der Wechsel von der Sachdebatte zum Triggerpunkt ist gewissermaßen der Einstieg ins Spiel, weil Reizworte Reaktionen provozieren, weil eine Spieleröffnung weitere, nicht völlig beliebige Spielzüge zur Folge hat. Weidels Äußerungen lösten eine erwartbare, den Spielregeln folgende Kaskade von Manövern aus. Andererseits schwächelt die Theorie von Mau, Lux und Westheuser dort, wo es um den Übergang von einem sachlichen in einen »Modus der Irrationalität« geht,[298] wo die »affektive gegenüber der kognitiven Komponente« gewinnt.[299] Nun ist das Spiel die beste Affektmaschine. In den beschriebenen Zwischenräumen lassen sich gefahrlos Dinge behaupten und heilig-ernsthaft vortragen, von denen niemand wirklich überzeugt sein muss. Leute glauben daran, wie sie auch abergläubisch sind. Zwei Fliegen, eine Klappe: Die eigenen Leute fühlen sich bestätigt, ohne wirklich glauben zu müssen, was sie hören, und die politischen Gegner:innen regen sich furchtbar auf. Sie sind getriggert, weil sie exaltierten Bullshit vernehmen, den man nicht ernst nehmen kann. Das Irrationale ist das Spielerische.

---

297 Mau/Lux/Westheuser, Triggerpunkte, S. 248.
298 Steffen Mau/Heinz Bude, Streit ums Politische: »Triggerpunkte«, 2023, https://www.youtube.com/watch?v=Zu3oHHZR-8Y [28.3.2024], Min. 54.
299 Mau/Lux/Westheuser, Triggerpunkte, S. 247. Einen überzeugenden Vorschlag, wie die gegenwärtigen Kulturkämpfe und damit auch die Triggerpunkte systematisch besser zu fassen sein könnten, liefert Tilman Reitz, Ultra-Universalismus oder Ist Sittlichkeit konstruierbar?, Soziopolis, 2024, https://www.soziopolis.de/ultra-universalismus-oder-ist-sittlichkeit-konstruierbar.html [2.5.2024].

Das Spiel lebt zudem von einer konstruierten Gegnerschaft, vom Agon, wie Caillois sagt.[300] Der affektpolitische Bullshit will polarisieren und erfindet Pappkamerad:innen als ebenjene Gegner:innen. »Wenn sich die Kreise schließen«, argumentieren Mau, Lux und Westheuser weiter, wenn Leute also »immer weniger Andersdenkende in der eigenen Umgebung finden«, dann »nehmen politische Meinungsverschiedenheiten einen fundamentalen Charakter an und werden emotional aufschäumender verhandelt. Der Ärger richtet sich dann nicht mehr nur gegen eine fremde Meinung, sondern gegen ihre typischen Träger, die als fremd, unsympathisch, ja feindlich erscheinen.«[301] Möglicherweise lässt sich dieser Moment, in dem sich die Kreise schließen, als Beginn von Spielen mit verschiedenen, gegeneinander antretenden Gruppen, von LARPs und ARGs deuten, die affektiv wirken und zumindest das Gefühl von Gemeinschaft stiften. Das Spiel jedenfalls könnte genauere Einblicke liefern, wenn es um die Frage geht, wie sich diese Schließung vollzieht und Aversion oder gar Feindschaft provoziert. Wer gewinnen will, darf nicht nur andere Positionen angreifen, sondern muss deren Träger:innen schlagen. Dieser Mechanismen bedienen sich schließlich die »Polarisierungsunternehmer«.[302] Das sind politische Akteur:innen, die gezielt mit Triggerpunkten arbeiten, um das falsche Narrativ einer gespaltenen Gesellschaft stark zu machen und davon zu profitieren.

Die Debatten um den Begriff woke zeigen dies deutlich, wobei »Messermänner« oder »Klimakleber« demselben Zweck folgen. Wokeness oder Wokeism jedenfalls sind hyperreal, der Wirklichkeit enthoben. Wer »Fox News« schaut, wird bemerken, dass es für alles verantwortlich ist – von Banken, die pleitegehen, bis zum kommenden Untergang Amerikas.[303] Es dient als emotionaler Reiz einer tendenziell verstimmten Masse und soll, so »Fox«-Host Dana Perino, undefiniert und mehr ein Gefühl bleiben.[304] Die »Thymos-

---

300 Caillois, Die Spiele und die Menschen, S. 35–39.
301 Mau/Lux/Westheuser, Triggerpunkte, S. 320.
302 Ebenda, S. 384.
303 Madeline Coggins, Failed bank's management called out for woke »obsession,« Democrat-filled board: This is »madness«, Fox News, 2023, https://www.foxnews.com/media/failed-banks-management-called-woke-obsession-democrat-filled-board-madness [3.4.2024]; Alexander Hall/Alexa Moutevelis, Woke »New York Times for Kids« delivers radical gender, racial politics to children, Fox News, 2023, https://www.foxnews.com/media/woke-new-york-times-kids-delivers-radical-gender-racial-politics-children [3.4.2024].
304 Graig Graziosi, Fox News mocked for saying ›woke‹ shouldn't be defined: ›It could be a feeling, it could be a sense‹, The Independent, 2023, https://www.independent.co.uk/

Spannung« des Volks soll schließlich steigen, wie es Marc Jongen (AfD) formulierte, der formal als Philosoph gilt.[305] Der Bullshit der Polarisierungsunternehmer:innen ist eine Art Schattenboxen vor Publikum. Entscheidend ist die Performance, die Feindschaft inszenieren, Affekte streuen, ein Gemeinschaftsgefühl stiften und die Gefolgschaft mobilisieren soll.

Eine Gegenstrategie kann die spielerische Annahme und Umkehrung eigentlich diffamierender Beschreibungen sein, die im Begriff abgelegt sind. In Deutschland sind etwa die antirassistische Initiative Kanak-Attak[306] oder die Behinderten- und Krüppelbewegung mit ihren Selbstbezeichnungen diesen, wenn man so will, spielerischen Weg gegangen – mit einigem Erfolg.[307] Die Aneignung der Begriffe legt das Uneindeutige und Heterogene einer Gesellschaft offen und hilft bisweilen, sich von Triggerpunkten nicht oder weniger provozieren zu lassen. Beide Initiativen haben das gut gespielt. Allerdings sind sie keine Blaupause, wie mit (rechtem) Bullshit im Allgemeinen umzugehen ist. Dafür sind die Dinge zu kompliziert. Was hier und da funktioniert, muss noch lange nicht überall von Vorteil sein. Für den Moment bleibt offen, wie produktiv es letztlich ist, die Triggerpunkte um eine Theorie des Spiels zu ergänzen.

Ähnliches gilt womöglich auch für andere Forschungsfelder. Die Einstellungsforschung etwa arbeitet beständig mit einem im Grunde statischen Begriff, eben der Einstellung. Die kritische Selbstreflexion dieses Fachs hat das zwar erkannt und mit Konzepten wie sozialer Erwünschtheit, kognitiver Dissonanz oder Ambiguitätstoleranz reagiert.[308] Aber vielleicht haben wir es mit einem grundsätzlicheren Problem zu tun, weil das Spiel und seine Kräfte, die Flexibilität und Wechselhaftigkeit erlauben, die Idee von Einstellungen überlagern. Im dreifachen Schwebezustand des Spiels wird die Vorstellung von dauerhaften politischen Haltungen zweifelhaft und die Frage stellt sich: Was genau vermessen die vielen Studien eigentlich? Es könnte, etwas defensiver formuliert, interessant sein, Einstellungen mit dem Spiel als sozialer Praxis und seinen Folgen gegenzulesen. Das »expressive Antwortverhalten«

---

news/world/americas/us-politics/fox-news-woke-defined-mocked-b2305266.html [3.4.2024].
305 Karin Janker, Der Wutdenker der AfD, Süddeutsche.de, 2016, https://www.sueddeutsche.de/politik/philosoph-marc-jongen-der-wutdenker-der-afd-1.2865813 [31.3.2024].
306 Siehe https://www.kanak-attak.de/ka/about.html [3.4.2024].
307 Gusti Steiner, 20 Jahre Assistenz. Behinderte auf dem Weg zu mehr Selbstbestimmung, in: Forsea (2017), S. 1–17.
308 Geoffrey Haddock/Gregory R. Mario, Einstellungen, in: Johannes Ullrich/Wolfgang Stroebe/Miles Hewstone (Hrsg.), Sozialpsychologie, Berlin 2023, S. 194–226, hier S. 205.

ist womöglich kein Sonderfall.[309] Interessant könnte auch sein, wann und wie sich eher spielerische Haltungen möglicherweise verfestigen und tatsächlich dauerhaft werden.[310] Der Bullshit jedenfalls, den kaum jemand wirklich glauben kann, dürfte für die Einstellungsforschung herausfordernd sein.

Die vielfältigen Debatten zu rechter Rhetorik und demagogischen Tricks könnte ebenfalls profitieren. Max Horkheimer hatte schon in den 1960er Jahren eine Art verdichteten Kanon dieser Tricks formuliert: der Ausschluss jeden Zweifels; das »Wir und die Anderen« (also die Guten und die Schlechten); »die Masse der Superlative«; das »absolute Ziel«; und die »Erklärung des Demagogen: ›Ich bin einer von Euch‹«.[311] Alle Elemente finden wir bei Björn Höcke (AfD) und besonders bei Trump wieder. Wir hatten eingangs bereits von einer Rednerin berichtet, die ungewöhnlich konkret davon sprach, dass Trump in Berlin und ein Friedensvertrag greifbar sei. Überprüfbare Aussagen dieser Art gehörten früher nicht zum demagogischen Repertoire. Trumps Empfehlung, Bleiche gegen Corona zu trinken, passt ebenfalls nicht ins Bild, weil der Test Folgen hätte und die Wirkung schmerzlich zu falsifizieren wäre. Seine Fans sollten also besser nicht tatsächlich glauben, was ihr Führer sagt. Wenn Trump auch noch das Q-Symbol zeigt und von »calm before the storm« redet, einer typischen QAnon-Phrase,[312] dann führt er sich eher wie ein Puppetmaster auf, ein Spielleiter, der Hinweise streut und für Irritationen sorgt. Es dürfte also produktiv sein, rechte Rhetorik um Elemente zu erweitern, die aus einer Theorie des Spiels resultieren. Die klassischen Mittel der Analyse stoßen an ihre Grenzen, wenn sich herber Unsinn mit Konkretem paart. Weitere Felder, für die es sinnvoll sein könnte, die jeweiligen Begriffe und Theorien mit denen des Spiels gegenzulesen, wären die Bildungsarbeit, die Bewegungsforschung oder aktuelle Untersuchungen zum Anschwellen

---

309 Kumkar, Alternative Fakten, S. 105.
310 »There is and there always will be major difficulties in analyzing the media and the whole sphere of information through categories of the philosophy of the subject«, beschreibt Baudrillard ein ähnliches Problem aus der anderen Richtung. »[W]ill, representation, choice, liberty, deliberation, knowledge, and desire. For it is quite obvious that they are absolutely contradicted by the media, that the subject is absolutely alienated in its sovereignty.« (Baudrillard, The Masses, S. 583) Aber vielleicht ist das Subjekt im Spiel noch souverän und meistert das Mediale buchstäblich spielerisch.
311 Nathan, Horkheimer erklärt Demagogie, 2015, https://www.youtube.com/watch?v=BsuQVm1H8-I [2.4.2024]. Genauer dazu Reinhard Olschanski, Der Wille zum Feind. Über populistische Rhetorik, Paderborn 2017.
312 Jacob Rosen, Trump signals affinity with QAnon followers in social media post, at rallies, CBS News, 2022, https://www.cbsnews.com/news/donald-trump-qanon-followers-social-media/ [2.4.2024].

»unziviliserter Kommunikation« im Netz,[313] die von Überlegungen zu Rollenspielen oder einem Glauben auf Distanz profitieren könnten.

Allgemeiner könnte sich auch der alltägliche Umgang mit Leuten verändern, die Bullshit verbreiten, offenherzig glauben oder beides. Wenn wir annehmen, dass manche durchaus um den Zustand ihrer Behauptungen wissen, hat sich der Versuch erledigt, mit Sachlichkeit und Logik Einfluss zu nehmen. Während die einen spielen und triggern, wollen die anderen vernünftig und, so gut das eben geht, intersubjektiv kommunizieren. Was genau daraus folgen könnte, welche Gesprächstaktiken in welcher Situation dienlich sein mögen, bedarf indes ebenfalls einer längeren Debatte. Zunächst könnte es auch im Kleinen oder für den direkten Kontakt hilfreich sein, den Bullshit als Spiel zu decodieren, um sich nicht weiterhin sprachlos wie staunend zu wundern, was der Onkel oder wer auch immer erzählt. Er will es glauben und weiß doch, dass es eigentlich Quatsch ist. Wer so schaut, sieht weniger mangelnde Bildung oder Intelligenz und mehr fehlenden Anstand und einen überbordenden Egoismus, der – ganz neoliberal – die eigene Gefühlswelt über alles andere stellt. Mit »Umterm Strich zähl ich« warb die Postbank schon vor einigen Jahren um Kunden und ahnte vermutlich nicht, welche Abgründe sich in diesem Slogan verdichten.

***

Bisher ging es ausschließlich darum, das Spiel zu verstehen. Offen ist jedoch, ob es für den Versuch progressiver Politik denkbar oder vielleicht sogar nötig ist, selbst zu spielen, statt nur auszuweichen oder geschickt, aber reaktiv mitzuspielen. In gewisser Weise ähnelt dies der länger schon virulenten Frage nach einem linken Populismus. Doch der Reihe nach.

Hin und wieder könnte es praktisch sein, im Kleinen zu spielen, ohne die Redlichkeit über Bord zu werfen. Ein Beispiel: Als im Januar 2024 das Recherchekollektiv Correctiv von einem rechten Geheimtreffen inklusive einiger Leute von der AfD und der Werteunion berichtete,[314] bei dem von ethnischen Säuberungen und Deportationen phantasiert wurde, formierte sich eine breite Protestbewegung. Kurze Zeit später waren die ersten Umfrageergebnisse zu bestaunen, bei denen die AfD mit -1, -2 oder gar -3 % geführt wurde. Einige in der linken Twitter-Bubble hatten anschließend nichts anderes zu tun, als darauf hinzuweisen, dass das Minus noch nicht einmal den Bereich der

---

313 Beispielhaft für eine vielfältige Debatte Pablo Jost/Marc Ziegele/Teresa K. Naab, Klicken oder tippen? Eine Analyse verschiedener Interventionsstrategien in unzivilen Onlinediskussionen auf Facebook, in: Zeitschrift für Politikwissenschaft 30/2 (2020), S. 193–217.
314 Bornmann, Geheimplan gegen Deutschland.

Standardabweichung verlassen habe, also genauso Zufall sein könne. Das ist sachlich richtig, aber schlecht gespielt.

Die permanenten Umfragen sind schon länger in der Kritik. Einerseits weil sie, spätestens seit der US-Wahl 2016, oft deutlich daneben liegen.[315] Die Fehler der Demoskopie hatten sich gestapelt. Andererseits, und das wäre der Moment für einen geschickten Spielzug, ist ihr performatives Wirken erkennbar geworden: Ständige Trends nehmen eher Einfluss als tatsächlich nur sachlich abzubilden.[316] Vereinfacht gesagt, bedeutet das, wenn statistisch teils zweifelhafte Umfragen einer Partei ein minimales Minus prophezeien, kann das eine Trendwende oder wenigstens einen gewissen Aufschwung nach sich ziehen. Es wäre also möglicherweise ein guter Zug gewesen, die Erzählung zu streuen, die AfD sei im Sinkflug, weil wahr wird, was viral geht. Niemand will auf der Seite der Loser stehen.

Ein unsachliches Manöver, mit dem ein Trend herbeigeredet werden soll, entspricht einer Taktik, wie sie Michel de Certeau in »Die Kunst des Handelns« schon vor längerer Zeit in die Debatte eingebracht hat.[317] Es geht um ein operatives Kalkül, um eine Reaktion auf andere, einen vergleichsweise kleinen Spielzug. Dort, wo andere bereits ein Spiel begonnen und Sachlichkeit wie Redlichkeit unterwandert haben, sind spielerische Taktiken durchaus eine Option. Es geht um Ironie, Irritation oder Sabotage. Als Strategie jedoch, die de Certeau der Taktik gegenüberstellt, reißt das Spiel Abgründe. Während die Taktik nur den »Ort des Anderen hat«,[318] also ein Auswärtsspiel ist, eröffnet die Strategie ein eigenes Spiel und nutzt die eigene Macht, um »Orte [zu] schaffen«,[319] also ein eigenes Spielfeld abzustecken.

Was als Taktik mitunter sinnvoll scheint, wirft als politische Strategie größeren Maßstabs Fragen auf. Mag sein, dass das Spiel emotionale Kräfte freisetzt und Bindung herstellt; mag sein, dass es Gemeinschaft stiftet. Es funktioniert aber nur und entfaltet seine illusionäre Kraft, wenn es der Wirklichkeit – und damit der Sachlichkeit – enthoben ist. Solange ein Populismus nicht spielt und sich etwa über populäre Maßnahmen wie die Mietpreisbremse oder ein kostenloses Mittagessen für alle Schulkinder (eine

---

315 Andrew Mercer/Claudia Deane/Kyley McGeeney, Why 2016 election polls missed their mark, Pew Research Center, 2016, https://www.pewresearch.org/short-reads/2016/11/09/why-2016-election-polls-missed-their-mark/ [2.4.2024].
316 Zu dieser Debatte Thorsten Faas/Dietmar Molthagen/Tobias Mörschel (Hrsg.), Demokratie und Demoskopie: Machen Zahlen Politik? Wiesbaden 2017.
317 Michel de Certeau, Kunst des Handelns, Berlin 1988, S. 23.
318 Ebenda.
319 Ebenda, S. 78.

Empfehlung des Bürgerrats 2024) definiert, hat er die Chance, einigermaßen redlich und, wenn man dieses etwas überholt klingende Wort verwenden will, anständig zu bleiben. Ein so verstandener sachlicher Populismus könnte allerdings ein Selbstwiderspruch sein und hätte wohl kaum Chancen gegen jene verspielte Form von rechts, die schamlos mit Bullshit operiert. Es dürfte also nicht nur ein

> Mißverständnis [sein], wenn man fragt, ob populistische Methoden nicht fast zwangsläufig zu einem populistischen Ergebnis führen? Ob, wer ›das Volk‹ gegen ›Oligarchen‹ in Stellung bringt, nicht auch jene Antisemiten anspricht, die sich im Kampf gegen ein vermeintliches weltweites Finanzjudentum wähnen? Und ob wer vom politischen Affekt mehr hält als vom politischen Konsens, sich über wachsende Ressentiments wirklich wundern sollte.[320]

Damit soll nicht gesagt sein, dass krasse gesellschaftliche Ungleichheiten nicht dringend gesellschaftspolitisch adressiert werden müssen. Ein linker Populismus ist jedoch ein »riskantes Spiel«.[321]

Hinzu kommt, dass auch das Spiel in einer Logik der Überbietung und Überschreitung gefangen sein kann. Bisweilen hat es den Eindruck, dass es verschiedene Schärfegrade oder Dosierungen von Bullshit gibt. Trump polterte in der ersten Jahreshälfte 2024 nicht mehr nur wie üblich und ignorierte Tatsachen. Seine Rhetorik in Bezug auf Migration erreichte neue Dimensionen. Er schwadronierte wie ein schlechter Joseph Goebbels von einer Invasion Geflüchteter, die aus Irrenhäusern und Gefängnissen kämen, allesamt Ungeziefer seien und ein Blutbad anrichten würden.[322] Weil der übliche Unsinn – lässt sich vermuten – das abgestumpfte Publikum nicht mehr intensiv triggert, weil es viel braucht, um von den Untiefen seiner Person und seiner Politik für die Reichen abzulenken, muss er nachlegen. Die Folgen brutaler Entmenschlichung und Verrohung der Sprache sind bekannt. Sie bleiben nicht auf Sprache beschränkt und sind sicher kein Spiel.

---

320 Christian Rabhansl/Chantal Mouffe, »Für einen linken Populismus« – Für mehr Affekt und Leidenschaft in der Politik, Deutschlandfunk Kultur, 2018, https://www.deutschlandfunkkultur.de/chantal-mouffe-fuer-einen-linken-populismus-fuer-mehr-100.html [3.4.2024].
321 Ebenda.
322 Katharina James/dpa, US-Wahlkampf: Donald Trump hetzt gegen Migranten – und spricht erneut von »Blutbad«, Die Zeit, 2024, https://www.zeit.de/politik/ausland/2024-04/donald-trump-hetze-zuwanderer-biden [5.4.2024].

Literatur

Abbey Rot, Königreich Deutschland – Krönungszeremonie – Kommentare und Bewertung erwünscht, 2012, https://www.youtube.com/watch?v=wnNl6g2j4aE [5.1.2023].
ADL, After 18-Month Hiatus, New QAnon Posts Surface, 2022, https://www.adl.org/resources/blog/after-18-month-hiatus-new-qanon-posts-surface [11.2.2024].
Adorno, Theodor W., Aspekte des neuen Rechtsradikalismus, Berlin 2019.
Ahmed, Sara, Affective Economies, in: Social Text 22/2 (2004), S. 117–139.
Amlinger, Carolin/Nachtwey, Oliver, Gekränkte Freiheit. Aspekte des libertären Autoritarismus, Berlin 2022.
Antona, Ivanka/Flear, Mark/Wood, Mathew/Hervey, Tamara, Calling Out Brexit ›Bullshit‹ in ›Left Behind‹ Britain, in: SPERI Blog – University of Sheffield (2019).
ARD, WeltenSpieler – Faszination Live Action Role Playing. Folge 3: Von Western bis Cyberpunk, ARD Mediathek, 2022, https://www.ardmediathek.de/video/weltenspieler-faszination-live-action-role-playing/folge-3-von-western-bis-cyberpunk-s01-e03/hr-fernsehen/Y3JpZDovL2hyLW9ubGluZS54ODUxMDM [4.1.2023].
Argentino, Marc-André, In the Name of the Father, Son, and Q: Why It's Important to See QAnon as a »Hyper-Real« Religion, Religion Dispatches, 2020, https://religiondispatches.org/in-the-name-of-the-father-son-and-q-why-its-important-to-see-qanon-as-a-hyper-real-religion/ [14.2.2024].
Baeck, Jean-Philipp, Wenn er König von Deutschland wär. Peter Fitzek und sein Imperium in Wittenberg, in: Andreas Speit (Hrsg.), Reichsbürger. Die unterschätzte Gefahr, Bonn 2018, S. 62–78.
Baudrillard, Jean, Agonie des Realen, Berlin 1978.
Baudrillard, Jean, Kool Killer oder der Aufstand der Zeichen, Berlin 1978.
Baudrillard, Jean, The Masses: The Implosion of the Social in the Media, in, New Literary History 16/3 (1985), S. 577–589.
Baudrillard, Jean, Der symbolische Tausch und der Tod, Berlin 2005.
Baudrillard, Jean, The Gulf War did not take place, Sydney 2009.
Bauman, Zygmunt, Retrotopia, Berlin 2017.
Beck, Ulrich, Soziologe Zygmunt Bauman: Sinn und Wahnsinn der Moderne, taz, 2014, https://taz.de/!5031155/ [11.12.2022].
Beene, Stephanie/Greer, Katie, A call to action for librarians: Countering conspiracy theories in the age of QAnon, in: The Journal of Academic Librarianship 47 (2021), https://doi.org/10.1016/j.acalib.2020.102292.
Benjamin, Walter, Das Kunstwerk im Zeitalter seiner technischen Reproduzierbarkeit, Frankfurt am Main 2019.
Berkowitz, Reed, QAnon resembles the games I design. But for believers, there is no winning., Washington Post, 2021, https://www.washingtonpost.com/outlook/qanon-game-plays-believers/2021/05/10/31d8ea46-928b-11eb-a74e-1f4cf89fd948_story.html [26.5.2023].

Bescherer, Peter/Burkhardt, Anne/Feustel, Robert/Mackenroth, Gisela/Sievi Luzia, Urbane Konflikte und die Krise der Demokratie: Stadtentwicklung, Rechtsruck und Soziale Bewegungen, Münster 2021.

Bescherer, Peter/Feustel, Robert, Der doppelte Populismus. Konturen eines schwierigen Begriffs, in: Berliner Debatte Initial 29/2 (2018), S. 133–144.

Bild, Corona-Demo in Berlin: Nach dieser Rede stürmten die Chaoten Richtung Reichstag, 2020, https://www.youtube.com/watch?v=-GivW0ecIj0 [15.12.2022].

Biskamp, Floris, Ökonomie ist kulturell, Kultur ist ökonomisch: Einspruch zur politischen Ökonomie des Populismus, in: PROKLA. Zeitschrift für kritische Sozialwissenschaft 49/196 (2019), S. 463–476.

Blake, Aaron, Sidney Powell: ›Perhaps‹ the Kraken wasn't real after all, Washington Post, 2022, https://www.washingtonpost.com/politics/2022/02/08/sidney-powells-legal-team-perhaps-kraken-wasnt-real-after-all/ [4.1.2023].

Böger, Frauke, »Wir haben kein Problem damit, dass du rechts bist. Sondern damit, wie du es bist.« Per Leo und Daniel-Pascal Zorn: Autoren über Diskurs mit Rechten, Der Spiegel, 2024, https://www.spiegel.de/kultur/per-leo-und-daniel-pascal-zorn-wir-haben-kein-problem-damit-dass-du-rechts-bist-sondern-damit-wie-du-es-bist-a-6138 c526-6878-453b-af7e-beaee3ae929e [4.4.2024].

Bogner, Alexander, Die Epistemisierung des Politischen. Wie die Macht des Wissens die Demokratie gefährdet, Ditzingen 2021.

Boltanski, Luc, Rätsel und Komplotte. Kriminalliteratur, Paranoia, moderne Gesellschaft, Frankfurt am Main 2013.

Bornmann, Maximilian, Geheimplan gegen Deutschland, correctiv.org, 2024, https://correctiv.org/aktuelles/neue-rechte/2024/01/10/geheimplan-remigration-vertreibung-afd-rechtsextreme-november-treffen/ [2.4.2024].

Brey, Michelle, Söder und Aiwanger warnen vor der »zwanghaften Veganisierung« – und wettern gegen Ampel-Koalition, Merkur, 2023, https://www.merkur.de/politik/soeder-aiwanger-veganisierung-heizungsgesetz-ampel-koalition-demo-erding-kritik-scholz-zr-92336429.html [24.4.2024].

Brinkbäumer, Klaus, Der Twitterpräsident, in: Raphael Gross/Melanie Lyon/Harald Welzer (Hrsg.), Von Luther zu Twitter. Medien und politische Öffentlichkeit, Frankfurt am Main 2020, S. 279–296.

Brockschmidt, Annika, Die Brandstifter. Wie Extremisten die Republikanische Partei übernehmen, Hamburg 2024.

Buri, Fritz, Glaube und Aberglaube, in: Theologische Zeitschrift 12/2 (1956), S. 206–236.

Butter, Michael, Verschwörungstheorien. Eine Einführung, bpb.de, 2021, https://www.bpb.de/shop/zeitschriften/apuz/verschwoerungstheorien-2021/339276/verschwoerungstheorien-eine-einfuehrung/ [18.3.2024].

Caillois, Roger, Die Spiele und die Menschen. Maske und Rausch, Berlin 2017.

Campbell, Andy, The QAnon Conspiracy Has Stumbled Into Real Life, And It's Not Going To End Well, HuffPost, 2018, https://www.huffpost.com/entry/qanon-conspiracy-real-life_n_5b54bbafe4b0b15aba8fe484 [30.1.2024].

Carroll, Lewis, Alice im Wunderland, München 2011.

Certeau, Michel de, Kunst des Handelns, Berlin 1988.

Clough, Patricia Ticineto/Halley, Jean (Hrsg.), The Affective Turn: Theorizing the Social, Duke 2007.
Coggins, Madeline, Failed bank's management called out for woke »obsession,« Democrat-filled board: This is »madness«, Fox News, 2023, https://www.foxnews.com/media/failed-banks-management-called-woke-obsession-democrat-filled-board-madness [3.4.2024].
Dammbeck, Lutz, Das Netz – die Konstruktion des Unabombers. Dokumentarfilm, 2006.
Davies, Hugh, The Gamification of Conspiracy: QAnon as Alternate Reality Game, in: Acta Ludologica 5 (2022) 1, S. 60–79.
De Carli, Luca, AfD-Spitzenpolitikerin erhält Post aus Bern, Basler Zeitung, 2017, https://www.bazonline.ch/afd-spitzenpolitikerin-erhaelt-post-aus-bern-261259806870 [22.3.2024].
Deleuze, Gilles/Guattari, Félix, Anti-Oedipus. Kapitalismus und Schizophrenie 1, Frankfurt am Main 1988.
Der Spiegel, Alice Weidel im Bundestag: »Kopftuchmädchen und andere Taugenichtse«, 2018, https://www.youtube.com/watch?v=ZEGj1T0pnR0 [22.3.2024].
Derrida, Jacques, Die Schrift und die Differenz, Frankfurt am Main 1989.
Derrida, Jacques, Gesetzeskraft. Der »mystische Grund der Autorität«, Frankfurt am Main 1991.
Die Welt, Bayern stuft Münchner OEZ-Attentat nun als rechtsradikal motiviert ein, Die Welt, 2019, https://www.welt.de/politik/deutschland/article202479342/Bayern-stuft-Muenchner-OEZ-Attentat-nun-als-rechtsradikal-motiviert-ein.html [17.2.2024].
Distelhorst, Lars, Kritik des Postfaktischen: Der Kapitalismus und seine Spätfolgen, 2019.
Dreisbach, Sofia, Donald Trump äußert sich zu Abtreibungen: Vermeidung klarer Aussagen vor US-Wahl 2024, FAZ, 2024, https://www.faz.net/aktuell/politik/us-wahl/donald-trump-aeussert-sich-zu-abtreibungen-vermeidung-klarer-aussagen-vor-us-wahl-2024-19640282.html [12.4.2024].
Dubiel, Helmut, Das Gespenst des Populismus, in: Merkur 39/438 (1985), S. 639–651.
Duden, Aberglaube. Rechtschreibung, Bedeutung, Definition, Herkunft, 2024, https://www.duden.de/rechtschreibung/Aberglaube [2.3.2024].
Dyk, Silke van, Krise der Faktizität? Über Wahrheit und Lüge in der Politik und die Aufgabe der Kritik, in: PROKLA. Zeitschrift für kritische Sozialwissenschaft 47/188 (2017), S. 347–368.
Enzensberger, Hans Magnus, Baukasten zu einer Theorie der Medien, in: Kursbuch 20 (1970), S. 159–186.
Faas, Thorsten/Molthagen, Dietmar/Mörschel, Tobias (Hrsg.), Demokratie und Demoskopie: Machen Zahlen Politik? Wiesbaden 2017.
Fach, Wolfgang, Trump – ein amerikanischer Traum? Warum Amerika sich verwählt hat, Bielefeld 2020.
Felsch, Philipp, Der lange Sommer der Theorie. Geschichte einer Revolte 1960–1990, München 2015.
Feustel, Robert, Grenzgänge. Kulturen des Rauschs seit der Renaissance, Paderborn 2013.
Feustel, Robert, Die Kunst des Verschiebens: Dekonstruktion für Einsteiger, Paderborn 2015.

Feustel, Robert, Eine andere Ordnung der Dinge? Foucault, Baudrillard und die Kybernetik, in: Le foucauldian 1 (2015), http://doi.org/10.16995/lefou.7.
Feustel, Robert, »Am Anfang war die Information«. Digitalisierung als Religion, Berlin 2018.
Feustel, Robert/Grochol, Nancy/Prüwer, Tobias/Reif, Franziska (Hrsg.), Wörterbuch des besorgten Bürgers, Mainz 2018.
Fitzek, Peter, Die geheimen Hintergründe der politischen Lage! 2022, https://krdtube.org/w/cSHas2W86T2PsYsfspFNmY [19.1.2024].
Fleischhauer, Jan, »Reichsbürger«-Razzien: Kolumnist Jan Fleischhauer zur Gefährlichkeit der Gruppe, Die Welt, 2022, https://www.welt.de/politik/deutschland/video242648761/Reichsbuerger-Razzien-Kolumnist-Jan-Fleischhauer-zur-Gefaehrlichkeit-der-Gruppe.html [26.12.2022].
Foucault, Michel, Psychologie und Geisteskrankheit, Frankfurt am Main 1968.
Foucault, Michel, Sexualität und Wahrheit. Bd. 2: Der Gebrauch der Lüste, Frankfurt am Main 1995.
Foucault, Michel, Die Ordnung des Diskurses, Frankfurt am Main 1998.
Foucault, Michel, Die Ordnung der Dinge. Eine Archäologie der Humanwissenschaften, Frankfurt am Main 2003.
Foucault, Michel, Die Wahrheit und die juristischen Formen, Frankfurt am Main 2003.
Frankfurt, Harry G., Bullshit, Berlin 2014.
Fraser, Nancy, Für eine neue Linke oder: Das Ende des progressiven Neoliberalismus, in: Blätter für deutsche und internationale Politik 2 (2017), S. 71–76.
Freud, Sigmund, Studienausgabe. Bd. 7: Zwang, Paranoia und Perversion, Frankfurt am Main 1989.
Friedmann, Vanessa, Why Rioters Wear Costumes, New York Times, 2021, https://www.nytimes.com/2021/01/07/style/capitol-riot-tactics.html?smid=em-share [11.4.2024].
Fukuyama, Francis, The End of History? In: The National Interest 16 (1989), S. 3–18.
Gates, Bill, The road ahead, New York 1995.
Gidron, Noam/Bonikowski, Bart, Varieties of Populism: Literature Review and Research Agenda, SSRN Scholarly Paper, 2013, https://papers.ssrn.com/abstract=2459387 [21.9.2024].
Ginsburg, Tobias, Die Reise ins Reich. Unter Rechtsextremisten, Reichsbürgern und anderen Verschwörungstheoretikern, Hamburg 2021.
Goffman, Erving, Wir alle spielen Theater. Die Selbstdarstellung im Alltag, Frankfurt am Main 2009.
Graham, David A., The Fakest Populism You Ever Saw, The Atlantic, 2024, https://www.theatlantic.com/politics/archive/2024/07/trump-vance-fake-populism/679100/ [8.11.2024].
Grant, John, Between Q's Headspace and the Hard Place of US History, This Can't Be Happening! 2021, https://thiscantbehappening.net/between-the-q-headspace-and-the-hard-place-of-us-history/ [9.4.2024].
Graziosi, Graig, Fox News mocked for saying ›woke‹ shouldn't be defined: ›It could be a feeling, it could be a sense‹, The Independent, 2023, https://www.independent.co.uk/news/world/americas/us-politics/fox-news-woke-defined-mocked-b2305266.html [3.4.2024].

Grimberg, Steffen, WDR muss BSW-Politiker einladen: Wagenknecht und Wahlplakate, taz, 2024, https://taz.de/!6012023/ [31.8.2024].
Habermas, Jürgen, Strukturwandel der Öffentlichkeit. Untersuchungen zu einer Kategorie der bürgerlichen Gesellschaft, Frankfurt am Main 2018.
Haddock, Geoffrey/Mario, Gregory R., Einstellungen, in: Johannes Ullrich/Wolfgang Stroebe/Miles Hewstone (Hrsg.), Sozialpsychologie, Berlin 2023, S. 194–226.
Hall, Alexander/Moutevelis, Alexa, Woke »New York Times for Kids« delivers radical gender, racial politics to children, Fox News, 2023, https://www.foxnews.com/media/woke-new-york-times-kids-delivers-radical-gender-racial-politics-children [3.4.2024].
Harvey, Fiona, UK's first new coalmine for 30 years gets go-ahead in Cumbria, The Guardian, 2022, https://www.theguardian.com/environment/2022/dec/07/uk-first-new-coalmine-for-30-years-gets-go-ahead-in-cumbria [11.12.2022].
Hautkapp, Dirk, Marjorie Taylor Greene: Weltall-Laser und Nazi-Ukraine – Trumps Frau für Radau, Morgenpost, 2024, https://www.morgenpost.de/incoming/article242141058/Marjorie-Taylor-Greene-Trumps-Radau-Frau-vom-Dienst.html [20.4.2024].
Helmes, Irene, Machiavelli aus Zelluloid, Süddeutsche.de, 2017, https://www.sueddeutsche.de/medien/berlusconi-und-mediaset-machiavelli-aus-zelluloid-1.1735405 [15.2.2024].
Hendricks, Vincent F./Vestergaard, Mads, Postfaktisch: Die neue Wirklichkeit in Zeiten von Bullshit, Fake News und Verschwörungstheorien, München 2018.
Hentschel, Christine/Krasmann, Susanne, »Truth is where the funny lies«. On the desire for truth in serious times, in: BEHEMOTH – A Journal on Civilisation 11/2 (2018), S. 2–17.
Hochschild, Arlie Russell, Strangers in Their Own Land. Anger and Mourning on the American Right, New York 2018.
Hörisch, Jochen, Monetäre Simulation. Die Im/Materialität des Geldes, in: Ralf Bohn/Dieter Fuder (Hrsg.), Baudrillard. Simulation und Verführung, München 1994, S. 71–92.
Horlacher, Stefan, Jean Baudrillard und die Ära des Verschwindens, oder: Das Verschwinden des Jean Baudrillard? Überlegungen zur deutschen Baudrillard-Rezeption, in: MEDIENwissenschaft: Rezensionen, Reviews 18/4 (2001), S. 414–429.
Hübl, Philipp, Bullshit-Resistenz. Wie wir uns vor Lügen, Fake News und Verschwörungstheorien schützen können, München 2024.
Huizinga, Johan, Homo ludens. Vom Ursprung der Kultur im Spiel, Hamburg 2004.
Illing, Sean, »Flood the zone with shit«: How misinformation overwhelmed our democracy, Vox, 2020, https://www.vox.com/policy-and-politics/2020/1/16/20991816/impeachment-trial-trump-bannon-misinformation [27.4.2024].
Illouz, Eva, Gefühle in Zeiten des Kapitalismus. Frankfurter Adorno-Vorlesungen 2004, Berlin 2023.
Jäger, Anton, Hyperpolitik: Extreme Politisierung ohne politische Folgen, Berlin 2023.
James, Katharina/dpa, US-Wahlkampf: Donald Trump hetzt gegen Migranten – und spricht erneut von »Blutbad«, Die Zeit, 2024, https://www.zeit.de/politik/ausland/2024-04/donald-trump-hetze-zuwanderer-biden [5.4.2024].
Janker, Karin, Der Wutdenker der AfD, Süddeutsche.de, 2016, https://www.sueddeutsche.de/politik/philosoph-marc-jongen-der-wutdenker-der-afd-1.2865813 [31.3.2024].
Jörke, Dirk, Theorien des Populismus zur Einführung, Hamburg 2017.

Jost, Pablo/Ziegele, Marc/Naab, Teresa K., Klicken oder tippen? Eine Analyse verschiedener Interventionsstrategien in unzivilen Online-Diskussionen auf Facebook, in: Zeitschrift für Politikwissenschaft 30/2 (2020), S. 193–217.

Kantorowicz, Ernst, Die zwei Körper des Königs. Eine Studie zur politischen Theologie des Mittelalters, München 1994.

Kathe, Sandra, Trump präsentiert im Wahlkampf angebliche Fakten – Das Netz reagiert, Frankfurter Rundschau, 2024, https://www.fr.de/politik/trump-praesentiert-im-wahlkampf-angebliche-fakten-das-netz-reagiert-zr-93246433.html [19.8.2024].

Kemper, Anna, Beatrix von Storch: Es war nur ein Mausrutscher, Die Zeit, 2016, https://www.zeit.de/zeit-magazin/leben/2016-02/beatrice-von-storch-maus-computer [17.2.2024].

Kirell, Andrew, Watch QAnon Followers Try to Explain Their Absolutely Bonkers, Pro-Trump Conspiracy Theory, The Daily Beast, 2018, https://www.thedailybeast.com/watch-qanon-followers-try-to-explain-their-absolutely-bonkers-pro-trump-conspiracy-theory [15.2.2024].

Klein, Jessica, How this obscure, blockchain-based site built a playground for QAnon to run rampant on, The Daily Dot, 2021, https://www.dailydot.com/debug/qanon-steemit/ [3.2.2024].

Koltermann, Maik, Wissing im MOPO-Interview: Tempolimit wegen Schildermangel nicht umsetzbar, MOPO, 2022, https://www.mopo.de/hamburg/ein-flaechendeckendes-tempo-30-fuer-hamburg-lehne-ich-ab/ [11.12.2022].

Königreich Deutschland, Erstes Dorfprojekt: Bärwalde – Dein Gemeinwohlstaat, 2018, https://koenigreichdeutschland.org/de/gemeinwohldorf-baerwalde-sachsen.html [19.1.2024].

Koselleck, Reinhart, Begriffsgeschichten. Studien zur Semantik und Pragmatik der politischen und sozialen Sprache, Frankfurt am Main 2021.

Koselleck, Reinhart, Vergangene Zukunft. Zur Semantik geschichtlicher Zeiten, Frankfurt am Main 2017.

Kühl, Eike, Meme: Wo Frösche sind, da sind auch Rechte, Die Zeit, 2016, https://www.zeit.de/digital/internet/2016-09/meme-pepe-frosch-alt-right-donald-trump/komplettansicht [18.2.2024].

Kumkar, Nils-Christian, Alternative Fakten. Zur Praxis der kommunikativen Erkenntnisverweigerung, Berlin 2022.

Kumkar, Nils-Christian, Arbeit an der gemeinsamen Wirklichkeit, Süddeutsche.de, 2022, https://www.sueddeutsche.de/kultur/nils-c-kumkar-alternative-fakten-soziologie-1.5678525 [15.12.2022].

Kusch, Regina/Beckmann, Andreas, Eine Kulturgeschichte »alternativer Fakten« – Wahrheit oder Lüge? Deutschlandfunk, 2018, https://www.deutschlandfunk.de/eine-kulturgeschichte-alternativer-fakten-wahrheit-oder-100.html [24.8.2024].

Laclau, Ernesto, On populist reason, London 2007.

larp.net, Was ist LARP (Liverollenspiel)? LARP.net – LARP seit 1995, 2023, https://www.larp.net/was-ist-larp/ [4.1.2023].

Last Week Tonight, Sinclair Broadcast Group: Last Week Tonight with John Oliver (HBO), 2017, https://www.youtube.com/watch?v=GvtNyOzGogc [15.2.2024].

Lösel, Gunter, Die dunkle Seite des Spiels. Theater zwischen Spiel, Wirklichkeit und Fiktion, Bielefeld 2024.

Löwenthal, Leo, Falsche Propheten. Studien zur faschistischen Agitation, Frankfurt am Main 2021.

Lueth, Jacquelynn, JFK's E.R. doctors share new assassination details, CBS News, 2023, https://www.cbsnews.com/news/jfk-assassination-john-f-kennedy-doctors/ [29.1.2024].

Luhmann, Niklas, Die Kunst der Gesellschaft, Frankfurt am Main 1997.

Luhmann, Niklas, Die Realität der Massenmedien, Wiesbaden 1995.

Luhmann, Niklas, Entscheidungen in der »Informationsgesellschaft«, 1996, https://www.fen.ch/texte/gast_luhmann_informationsgesellschaft.htm [23.8.2024].

Lyotard, Jean-François, Das postmoderne Wissen. Ein Bericht, Wien 2019.

Maeder, Dominik/Schwaab, Herbert/Trinkaus, Stephan/Anne Ulrich/Tanja Weber (Hrsg.), Trump und das Fernsehen: Medien, Realität, Affekt, Politik, Köln 2020.

Mannoni, Octave, »I Know Well, but All the Same ...«, in: Molly Anne Rothenberg/Dennis A. Foster (Hrsg.), Perversion and the Social Relation: sic IV, 2003, S. 68–92.

Manow, Philip, Die Politische Ökonomie des Populismus, Berlin 2018.

Marchart, Oliver, Das unmögliche Objekt. Eine postfundamentalistische Theorie der Gesellschaft, Berlin 2013.

Massumi, Brian, The Autonomy of Affect, in: Cultural Critique 31 (1995), S. 83–109.

Mau, Steffen/Bude, Heinz, Streit ums Politische: »Triggerpunkte«, 2023, https://www.youtube.com/watch?v=Zu3oHHZR-8Y [28.3.2024].

Mau, Steffen/Lux, Thomas/Westheuser, Linus, Triggerpunkte. Konsens und Konflikt in der Gegenwartsgesellschaft, Berlin 2023.

mdr.de, So trickst Reichsbürger Fitzek Deutschland aus, 2022, https://www.mdr.de/nachrichten/sachsen/reichsbuerger-fitzek-koenig-deutschland-sachsen-114.html [4.1.2023].

mdr.de, Wie Rechtspopulisten NS-Rhetorik für sich nutzen, 2024, https://www.mdr.de/geschichte/zeitgeschichte-gegenwart/sprache-rechtspopulisten-nationalsozialisten-nazis-100.html [5.12.2024].

Mead, George Herbert, Geist, Identität und Gesellschaft aus der Sicht des Sozialbehaviorismus, Frankfurt am Main 1991.

Mercer, Andrew/Deane, Claudia/McGeeney, Kyley, Why 2016 election polls missed their mark, Pew Research Center, 2016, https://www.pewresearch.org/short-reads/2016/11/09/why-2016-election-polls-missed-their-mark/ [2.4.2024].

Merkel, Wolfgang, Kosmopolitismus versus Kommunitarismus: Ein neuer Konflikt in der Demokratie, in: Philipp Harfst/Ina Kubbe/Thomas Poguntke (Hrsg.), Parties, Governments and Elites: The Comparative Study of Democracy, Wiesbaden 2017, S. 9–23.

Metz, Markus/Seeßlen, Georg, Hass und Hoffnung: Deutschland, Europa und die Flüchtlinge, Berlin 2016.

Molski, Max, How voting demographics changed between 2020 and 2024 presidential elections, NBC4 Washington, 2024, https://www.nbcwashington.com/decision-2024/2024-voter-turnout-election-demographics-trump-harris/3762138/ [8.11.2024].

Mossburg, Hannah/Rabinowitz, Cheri, Alexander Smirnov told investigators he got Hunter Biden dirt from Russian intelligence officials, CNN, 2024, https://www.cnn.com/2024/

02/20/politics/biden-former-fbi-informant-russian-intelligence/index.html [22.2. 2024].

Mühlen, Patrik von zur, Vom Nachdenken über Dummheit. Theorie der kognitiven Verweigerung, München 2018.

Mühlhoff, Rainer, Affekte der Wahrheit. Über autoritäre Sensitivitäten von der Aufklärung bis zu 4Chan, Trump und der Alt-Right, in: BEHEMOTH – A Journal on Civilisation 11/2 (2018), S. 74–95.

Muirhead, Russell/Rosenblum, Nancy L., A lot of people are saying: the new conspiracism and the assault on democracy, Princeton, New Jersey 2019.

Müller, Jan-Werner, Was ist Populismus? Ein Essay, Berlin 2016.

Müller, Tobias, Partei Forum voor Democratie ist so radikal, dass sie Geert Wilders übertrifft, Der Freitag, 2022, https://www.freitag.de/autoren/tobias-mueller/eine-niederlaendische-partei-ist-so-radikal-dass-sie-geert-wilders-uebertrifft [11.12.2022].

Nathan, Horkheimer erklärt Demagogie, 2015, https://www.youtube.com/watch?v=BsuQVm1H8-I [2.4.2024].

Allen, Jonathan/Dixon, Matt, Trump compares his Jan. 6 crowd to the audience for MLK's »I Have a Dream« speech, NBC News, 2024, https://www.nbcnews.com/politics/2024-election/trump-compares-jan-6-crowd-audience-mlk-dream-speech-rcna165894 [24.8. 2024].

Neumann, Daniel/Prinz, David, »Sich aufs Spiel setzen« – Post-ironische Subjektivierungsweisen im Poststrukturalismus, Gestern, Romantik, Heute. Forum für Wissenschaft und Kultur, 2023, https://www.gestern-romantik-heute.uni-jena.de/wissenschaft/artikel/sich-aufs-spiel-setzen-post-ironische-subjektivierungsweisen-im-poststrukturalismus [21.3.2024].

NFL, The Forgotten ARG, 2019, https://www.youtube.com/watch?v=DKLLDJZmxl4 [21.1. 2024].

Nietzsche, Friedrich, Die Geburt der Tragödie, Unzeitgemäße Betrachtungen. Sämtliche Werke. Kritische Studienausgabe in 15 Bänden, Bd. 1, München 1999.

Nietzsche, Friedrich, Der Fall Wagner, Götzen-Dämmerung, Der Antichrist, Ecce homo, Dionysos-Dithyramben, Nietzsche contra Wagner. Sämtliche Werke. Kritische Studienausgabe in 15 Bänden, Bd. 6, München 1999.

Nocun, Katharina/Lamberty, Pia, Fake facts. Wie Verschwörungstheorien unser Denken bestimmen, Köln 2020.

Oelze, Patrick, Politische Hochstapelei – Nicht Fake News bedrohen die Demokratie, Cicero, 2023, https://www.cicero.de/kultur/fakenews-lugen-franziska-giffey-bullshit [21.3. 2024].

Olschanski, Reinhard, Der Wille zum Feind: Über populistische Rhetorik, Paderborn 2017.

OMR, OMR24 Conference Stage, 8.5.2024, https://www.youtube.com/watch?v=JLiwXFmLRmA [10.5.2024].

Oxford English Dictionary, bullshit, n. meanings, etymology and more, https://www.oed.com/dictionary/bullshit_n [20.10.2024].

Oxford English Dictionary, bull, n.[4] meanings, etymology and more, https://www.oed.com/dictionary/bull_n4 [20.10.2024].

Pantenburg, Johannes/Reichardt, Sven/Sepp, Benedikt, Wissensparallelwelten der »Querdenker«, in: Sven Reichardt (Hrsg.), Die Misstrauensgemeinschaft der »Querdenker«. Die

Corona-Proteste aus kultur- und sozialwissenschaftlicher Perspektive, Bonn 2022, S. 29–65.

Parsons, Elaine Frantz, Midnight Rangers: Costume and Performance in the Reconstruction-Era Ku Klux Klan, in: The Journal of American History 92/3 (2005), S. 811–836.

Paulo, Norbert, Die Rationalität postfaktischen Denken, in: BEHEMOTH– A Journal on Civilisation 11/2 (2018), S. 55–73.

Petrik, Andreas, Von den Schwierigkeiten, ein politischer Mensch zu werden. Konzept und Praxis einer genetischen Politikdidaktik, Opladen 2013.

Pfaller, Robert, Die Illusionen der anderen. Über das Lustprinzip in der Kultur, Frankfurt am Main 2002.

Pickert, Bernd, US-Präsident Trump in der Coronakrise: Bitte kein Bleichmittel trinken! taz, 2020, https://taz.de/!5680835/ [27.3.2024].

Plessner, Helmuth, Grenzen der Gemeinschaft. Eine Kritik des sozialen Radikalismus, Frankfurt am Main 2002.

Rabhansl, Christian/Mouffe, Chantal, »Für einen linken Populismus« – Für mehr Affekt und Leidenschaft in der Politik, Deutschlandfunk Kultur, 2018, https://www.deutschlandfunkkultur.de/chantal-mouffe-fuer-einen-linken-populismus-fuer-mehr-100.html [3.4.2024].

Rathje, Jan, Reichsbürger, Selbstverwalter und Souveränisten. Vom Wahn des bedrohten Deutschen, Münster 2017.

Reckwitz, Andreas, Die Gesellschaft der Singularitäten. Zum Strukturwandel der Moderne, Berlin 2017.

Reinhard, CarrieLynn D./Stanley, David/Howell, Linda, Fans of Q: The Stakes of QAnon's Functioning as Political Fandom, in: American Behavioral Scientist 66/8 (2022), S. 1152–1172.

Reitz, Tilman, Ultra-Universalismus oder Ist Sittlichkeit konstruierbar?, Soziopolis, 2024, https://www.soziopolis.de/ultra-universalismus-oder-ist-sittlichkeit-konstruierbar.html [2.5.2024].

Reitz, Tilman, Aufstand der Anteillosen? Autoritärer Protest im digitalen Kapitalismus, in: Das Argument 323 (2017), S. 363–377.

Renn, Ortwin, Gefühlte Wahrheiten: Orientierung in Zeiten postfaktischer Verunsicherung, Leverkusen 2019.

Rosen, Jacob, Trump signals affinity with QAnon followers in social media post, at rallies, CBS News, 2022, https://www.cbsnews.com/news/donald-trump-qanon-followers-social-media/ [2.4.2024].

Rothschild, Mike, The Storm Is Upon Us: How QAnon Became a Movement, Cult, and Conspiracy Theory of Everything, Brooklyn London 2021.

Schiller, Friedrich, Über die ästhetische Erziehung des Menschen in einer Reihe von Briefen, Ditzingen 2000.

Schilling, Jan, Framing in den Medien – Kalkulierter Tabubruch, Deutschlandfunk, 2018, https://www.deutschlandfunk.de/framing-in-den-medien-kalkulierter-tabubruch-100.html [31.8.2024].

Schwinn, Thomas, Wissen – Glaube(n) – Aberglaube. Soziologische Perspektiven, in: Marsilius-Kolleg (2015), S. 53–72.

Seeßlen, Georg, Zwischen Thrill und Paranoia, bpb.de, 2021, https://www.bpb.de/shop/zeitschriften/apuz/verschwoerungstheorien-2021/339284/zwischen-thrill-und-paranoia/ [29.1.2024].

Seeßlen, Georg, Trump! Populismus als Politik, Berlin 2017.

Skudlarek, Jan, Mentale Irrwege – Die Macht der Verschwörungstheorien, in: Tobias Meilicke/Cornelius Strobel (Hrsg.), Aufgeheizt. Verschwörungserzählungen rund um die Klimakrise, Bonn 2023, S. 19–40.

Speare-Cole, Rebecca, Coal Authority rejects Cumbria development's request for mining licences, The Independent, 2024, https://www.independent.co.uk/business/coal-authority-rejects-cumbria-development-s-request-for-mining-licences-b2620250.html.

Spicer, André, Playing the Bullshit Game: How Empty and Misleading Communication Takes Over Organizations, in: Organization Theory 1/2 (2020), https://journals.sagepub.com/doi/10.1177/2631787720929704.

Spiegel Online, Markus Söder auf CDU-Parteitag: Spott wegen »Crystal Mett«, Der Spiegel, 2022, https://www.spiegel.de/politik/markus-soeder-auf-cdu-parteitag-spott-wegen-crystal-mett-empoerung-ueber-hofreiter-kommentar-a-c058220e-97f7-45b0-822b-4055dd56b22f [5.4.2024].

Spiegel Online, Amoklauf in München: Im Rucksack des Täters waren noch 300 Schuss Munition, Der Spiegel, 2016, https://www.spiegel.de/panorama/justiz/amoklauf-in-muenchen-im-rucksack-des-taeters-waren-noch-300-schuss-munition-a-1104415.html [18.2.2024].

Spiegel TV, Die Verschwörungsfanatiker von QAnon, 2020, https://www.youtube.com/watch?v=9R5TvLCsN-E [24.1.2024].

Spiegel TV, Die Anfänge des »Königreichs Deutschland«, 2012, https://www.youtube.com/watch?v=Xl-JO0THAkw [28.12.2022].

Stäheli, Urs, Spektakuläre Spekulation: das Populäre der Ökonomie, Frankfurt am Main 2007.

Steiner, Gusti, 20 Jahre Assistenz. Behinderte auf dem Weg zu mehr Selbstbestimmung, in: Forsea (2017), S. 1–17.

stern.de, Trump macht sich über Klimawandel lustig – weil es in den USA kalt ist, stern.de, 2017, https://www.stern.de/politik/ausland/donald-trump-macht-sich-ueber-klimawandel-lustig---weil-es-kalt-ist-7803542.html [27.2.2024].

Stevens, Albert Clark, The Cyclopaedia of Fraternities: A Compilation of Existing Authentic Information and the Results of Original Investigation as to the Origin, Derivation, Founders, Development, Aims, Emblems, Character, and Personnel of More Than Six Hundred Secret Societies in the United States, New York City 1899, https://archive.org/details/cyclopdiaoffra00stevrich/page/n9/mode/2up [20.12.2022].

Strick, Simon, Rechte Gefühle: Affekte und Strategien des digitalen Faschismus, Bielefeld 2021.

Sullivan, Helen/Stein, Chris/Walters, Joanna, Former President threatens ›largest deportation‹ in US history – as it happened, in: The Guardian, 2024, https://www.theguardian.com/us-news/live/2024/jul/18/donald-trump-speech-republican-national-convention-latest-updates [5.12.2024].

tagesschau.de, FBI-Informant wegen Falschbehauptungen zu Biden angeklagt, tagesschau.de, 2024, https://www.tagesschau.de/ausland/amerika/biden-fbi-informant-100.html [16. 2. 2024].

taz, Nachrichten zu den Sondierungen: Vorentscheidung am Freitag, taz, 2021, https://taz.de/!5807762/ [5. 4. 2024].

The Daily Show, Jordan Klepper vs. Trump Supporters: The Complete Collection, The Daily Social Distancing Show, 2020, https://www.youtube.com/watch?v=7OeeHz0uNdM [17. 2. 2024].

The Daily Show, Read The Transcript #shorts, 2021, https://www.youtube.com/shorts/GE9xGHHMHdM [24. 2. 2024].

The Daily Show, Not only is Trump still president, there are two militaries, 2023, https://www.youtube.com/shorts/0J_seGFoVwY?feature=share [18. 2. 2024].

Theweleit, Klaus/Höltschl, Rainer, Jimi Hendrix. Eine Biographie, Berlin 2008.

Thomas, Merlyn/Wendling, Mike, Donald Trump repeats baseless claim about Haitian immigrants eating cats and dogs in Springfield, Ohio, BBC, 2024, https://www.bbc.com/news/articles/c77l28myezko**Fehler! Linkreferenz ungültig.** [15. 9. 2024].

Thompson, Hunter S., Angst und Schrecken in Las Vegas, München 2005.

Toffler, Alvin, Powershift: Knowledge, Wealth, and Power at the Edge of the 21st Century, New York 1991.

Trump, Donald, CollectTrumpCards, Donald Trump Digital Trading Card NFTs, 2022, https://www.collecttrumpcards.com/ [21. 12. 2022].

Umberto, Eco, Das Foucaultsche Pendel, München 1989.

Vogelgesang, Arne, 36C3 – Let's play Infokrieg, 2019, https://www.youtube.com/watch?v=8A9ZoC7hyoY [16. 11. 2023].

Vogelgesang, Arne, This Is Not A Game, 2020, https://media.ccc.de/v/rc3-11500-this_is_not_a_game_de [24. 1. 2024].

Vogelgesang, Arne, Truthifixion, re:publica 2021, https://www.youtube.com/watch?v=atthwL8-PbU [16. 2. 2024].

Vogelmann, Frieder, The Problem of Post-Truth. Rethinking the Relationship between Truth and Politics, in: BEHEMOTH – A Journal on Civilisation 11/2 (2018), S. 18–37.

Vogl, Joseph, Kapital und Ressentiment. Eine kurze Theorie der Gegenwart, München 2021.

Vollmer, Konstantin/Kramer, Felix, »Lets play Infokrieg! Wie die radikale Rechte (ihre) Politik gamifiziert«. Ein Resümee zum Online-Vortrag von Arne Vogelgesang, in: kommunikation.medien 12 (2020).

Welsch, Wolfgang, Die Postmoderne als Fake-Motor? in: Steffi Hobuß/Simone Jung/Sven Kramer (Hrsg.), Öffentlichkeiten zwischen Fakt und Fiktion. Zur Wissensproduktion in Wissenschaft, Medien, Künsten, Berlin 2023, S. 67–89.

Wildt, Lars de/Aupers, Stef, Participatory Conspiracy Culture: Believing, doubting and playing with conspiracy theories on Reddit, in: Convergence: The International Journal of Research into New Media Technologies 30/1 (2023), S. 1–22.

Wittgenstein, Ludwig, Philosophische Untersuchungen, Frankfurt am Main 1967.

Yates, Candida, Affect and Emotion, in: Routledge Handbook of Psychoanalytic Political Theory, 2019, S. 162–174.

Zammito, John, Koselleck's Philosophy of Historical Time(s) and the Practice of History, in: History and Theory 43/1 (2004), S. 124–135.

ZDFinfo, Verschwörungen: Fake News, Angst und QAnon, ZDFinfo, 2023, https://www.zdf.de/uri/69158be3-5031-4e6c-81f5-873a8787901a [9.4.2024].

Žižek, Slavoj, Die gnadenlose Liebe, Frankfurt am Main 2001.

Žižek, Slavoj, Warum feiern Atheisten Weihnachten, 2015, https://www.faz.net/aktuell/feuilleton/warum-feiern-atheisten-weihnachten-slavoj-i-ek-13975453.html [3.3.2024].

Žižek, Slavoj, The Pervert's Guide to Ideology (Film), Berlin 2016.

Žižek, Slavoj, Das erhabene Objekt der Ideologie, Wien 2021.